Basis-Grammatik Deutsch in 3 Schritten

3. Auflage

Michio Kamitake

ASAHI Verlag

Web ストリーミング音声

https://text.asahipress.com/free/german/Basis_Deutsch_3tei

音声ダウンロード

audiobook.jp の朝日出版社専用サイトから音声ファイルをダウンロードできます

https://audiobook.jp/exchange/asahipress

➤ 音声ダウンロード用のコード番号【25433】

※ audiobook.jp への会員登録(無料)が必要です。すでにアカウントをお持ちの方はログインしてください。

QR コードは㈱デンソーウェーブの登録商標です

表紙デザイン：
　　大下 賢一郎

本文イラスト：
　　駿高泰子（Yasuco Sudaka）

本文デザイン：
　　明昌堂

表紙図形：
　　Shutterstock.com

三訂版　まえがき

　「ドイツ文法ベーシック3」は、2014年の初版以来ご好評を得て、2016年の改訂版に続きこのたび三訂版として刊行の運びとなりました。

　全体を「基礎A」「基礎B」「基礎C」の三部構成とし、「説明は丁寧に、問題は易しく」という基本コンセプトは変わっていません。「基礎A」ではドイツ語学習での必須の文法項目を扱い、「基礎B」では主として動詞と語順（文構造）に重きを置き、「基礎C」ではさらに複雑な文構造について取り上げています。

主な変更点は以下のとおりです。

● 各課「例文」と文法説明は、一部を除き原則変わっていません。

● 文法説明の後にくる「問」は、特にそこで扱う文法項目に応じて設問形式を変えるなど、問題数と内容を調整しました。

● 各課4頁目の「練習問題」はすべて新しい問題に書き換え、特に設問3の独作では学習者の苦手意識を解消すべく穴埋め形式に改めました。

● 三段階学習のレベルに応じて、これまでは「基礎A」「基礎B」「基礎C」の最後に「読み物」Lesetextがありましたが、授業時間数を考慮してこれを教授用資料に掲載し、代わりに架空の二人の登場人物による簡単な「対話」Dialogを設定しました。楽しく気軽に読みながら、日常会話の文体にも親しんでください。

　本書作成に際しましては、朝日出版社第一編集部の日暮みぎわ氏に大変お世話になりました。この場をお借りして御礼申し上げます。

　本書がドイツ語学習に少しでもお役に立つことを心より願っています。

2021年春

筆者

contents

Basis - A

Basis - B

Basis - C

ドイツ語圏略地図 （⬜はドイツ語使用地域）

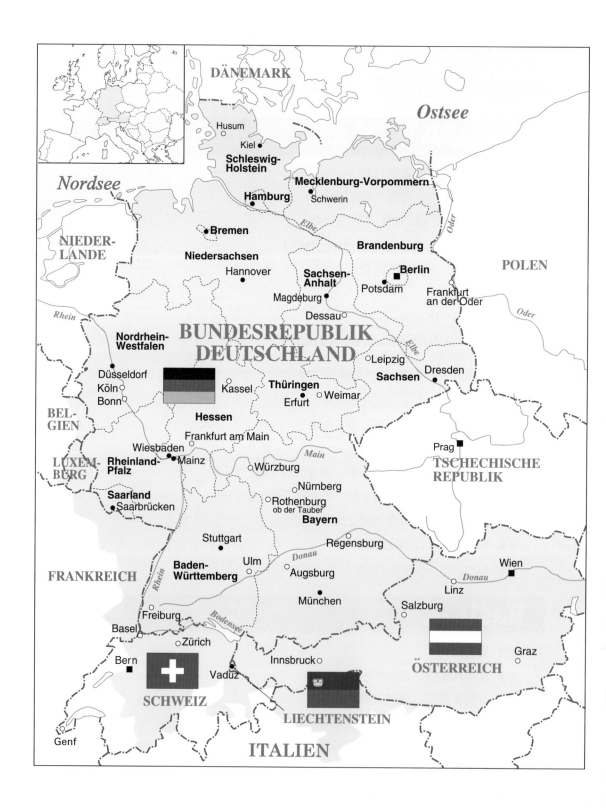

Das Alphabet

A	a	*A*	*a*	aː	Q	q	*Q*	*q*	kuː
B	b	*B*	*b*	beː	R	r	*R*	*r*	ɛr
C	c	*C*	*c*	t͡seː	S	s	*S*	*s*	ɛs
D	d	*D*	*d*	deː	T	t	*T*	*t*	teː
E	e	*E*	*e*	eː	U	u	*U*	*u*	uː
F	f	*F*	*f*	ɛf	V	v	*V*	*v*	faʊ
G	g	*G*	*g*	geː	W	w	*W*	*w*	veː
H	h	*H*	*h*	haː	X	x	*X*	*x*	ɪks
I	i	*I*	*i*	iː	Y	y	*Y*	*y*	ˈýpsilɔn
J	j	*J*	*j*	jɔt	Z	z	*Z*	*z*	t͡sɛt
K	k	*K*	*k*	kaː					
L	l	*L*	*l*	ɛl	Ä	ä	*Ä*	*ä*	ɛː
M	m	*M*	*m*	ɛm	Ö	ö	*Ö*	*ö*	øː
N	n	*N*	*n*	ɛn	Ü	ü	*Ü*	*ü*	yː
O	o	*O*	*o*	oː					
P	p	*P*	*p*	peː		ß		*ß*	ɛs-t͡sét

綴りと発音

特徴
◆ 綴りの読み方は、ローマ字の読み方に似ている。
◆ アルファベット文字は、原則すべて発音する。
◆ アクセントは、ほとんど第1音節に来る。

1 母音 🎧 1-03

◆ 1つの子音字の前では長く、2つ以上の子音字の前では短い。

a	[aː] [a]	Name	名前	alt	年老いた
e	[eː] [ɛ]	Tee	お茶	Fest	祝い
i	[iː] [ɪ]	Kino	映画	Bitte	願い
o	[oː] [ɔ]	loben	ほめる	Ost	東
u	[uː] [ʊ]	Blume	花	Lust	気持ち
※語末音節の -e [ə]		Leben	生命	Hafen	港

◆ 母音＋h は長音となる。

| | | Bahn | 鉄道 | gehen | 歩いて行く |

2 変母音（Umlaut ウムラウト） 🎧 1-04

ä [ɛː] [ɛ] 「ア」の口の形のまま、舌を少し前へずらして「エ」と発音する。

| | | Käse | チーズ | Kälte | 寒さ |

ö [øː] [œ] 「オ」の口の形のまま、舌を少し前へずらして「エ」と発音する。

| | | Öl | 油 | Löffel | スプーン |

ü [yː] [ʏ] 「ウ」の口の形のまま、舌を少し前へずらして「イ」と発音する。

| | | Lüge | うそ | Hütte | 小屋 |

3 注意すべき母音の結合 🎧 1-05

ei	[aɪ]	Eis	氷	drei	3
eu, äu	[ɔʏ]	Leute	人々	Gebäude	建物
ie	[iː]	Liebe	愛	Biene	ミツバチ

4 r の母音化 🎧 1-06

語末の -r	[ɐ]	Bier	ビール	Tier	動物
語末の -er	[ɐ]	Vater	父	Mutter	母
前綴り er-	[ɛɐ]	erkennen	認識する	erlauben	許可する
ver-	[fɛɐ]	verstehen	理解する	vergessen	忘れる

5 子音 🎧 1-07

(1) 注意すべき子音

j	[j]	Japan	日本	jung	若い
v	[f]	Vogel	鳥	Vetter	いとこ（男）
w	[v]	Wein	ワイン	Wunder	驚き
x	[ks]	Hexe	魔女	Examen	試験
z	[ts]	Zeit	時間	Zoo	動物園

(2) 語末の -b, -d, -g

-b	[p]	halb	半分	Dieb	どろぼう
-d	[t]	Hand	手	Kind	子供
-g	[k]	Tag	日	Burg	城（城塞）

(3) -ig

-ig	[iç]	König	王	ruhig	静かな

(4) ch

a, o, u, au の後	[x]	Dach	屋根	Kuchen	ケーキ
e, i の後	[ç]	Becher	コップ	nicht	（否定）…ない

(5) s

s＋母音	[z]	Sonne	太陽	singen	歌う
母音／子音＋s	[s]	Bus	バス	Kunst	芸術

(6) ss と ß

短母音＋ss	[s]	essen	食べる	Wasser	水
長母音／複母音＋ß	[s]	groß	大きい	heiß	熱い

(7) 注意すべき複子音など

sch	[ʃ]	Schule	学校	schön	美しい
sp	[ʃp]	spielen	遊ぶ	sprechen	話す
st	[ʃt]	Stein	石	Stunde	時間
tsch	[tʃ]	Deutsch	ドイツ語	tschüs	バイバイ
pf	[pf]	Apfel	リンゴ	Kopf	頭
qu	[kv]	Qualität	質	Quelle	泉

(8) 外来語

Familie	家族	Vase	花瓶	Restaurant	レストラン

《発音してみましょう》

◆ 曜日 🎧 1-08

| Sonntag 日曜日 | Montag 月曜日 | Dienstag 火曜日 |
| Mittwoch 水曜日 | Donnerstag 木曜日 | Freitag 金曜日 |

Samstag 土曜日（Sonnabend）

◆ 季節 🎧 1-09

Frühling 春　　Sommer 夏　　Herbst 秋　　Winter 冬

◆ 月名 🎧 1-10

Januar	1月	Februar	2月	März	3月
April	4月	Mai	5月	Juni	6月
Juli	7月	August	8月	September	9月
Oktober	10月	November	11月	Dezember	12月

◆ あいさつ 🎧 1-11

Guten Morgen!	おはよう。
Guten Tag!	こんにちは。
Guten Abend!	こんばんは。
Gute Nacht!	おやすみ。
Hallo!	やあ。（呼びかけ）もしもし。（電話で）
Tschüs!	じゃあね。
Auf Wiedersehen!	さようなら。
Auf Wiederhören!	さようなら。（電話で）
Danke! / Danke schön!	ありがとう。
Bitte! / Bitte schön! / Bitte sehr!	どういたしまして。

◆ 数詞（基数）
1-12

0 null	10 zehn	20 zwanzig
1 eins	11 elf	21 einundzwanzig
2 zwei	12 zwölf	22 zweiundzwanzig
3 drei	13 dreizehn	23 dreiundzwanzig
4 vier	14 vierzehn	24 vierundzwanzig
5 fünf	15 fünfzehn	25 fünfundzwanzig
6 sechs	16 sechzehn	26 sechsundzwanzig
7 sieben	17 siebzehn	27 siebenundzwanzig
8 acht	18 achtzehn	28 achtundzwanzig
9 neun	19 neunzehn	29 neunundzwanzig

30 dreißig   40 vierzig   50 fünfzig   60 sechzig

70 siebzig   80 achtzig   90 neunzig   100 (ein)hundert

1 000	(ein)tausend	2 000	zweitausend
10 000	zehntausend	30 000	dreißigtausend
100 000	hunderttausend	500 000	fünfhunderttausend
1 000 000	eine Million	2 000 000	zwei Millionen

◆ 西暦の読み方
1-13

1989 neunzehnhundertneunundachtzig

2021 zweitausendeinundzwanzig

基礎 A

Basis-A

動詞と人称代名詞 （1）

例文 1

Ich lerne jetzt Deutsch.	私は今ドイツ語を学んでいます。
Du lernst auch Deutsch.	君もドイツ語を学んでいます。
Wir lernen jetzt Deutsch.	私たちは今ドイツ語を学んでいます。

ドイツ語で文章を作るとき、「誰が」とか「何が」といった主語が最初に問われます。次にその主語の人称と数（単数・複数）に応じて動詞の語尾に変化が生じます。これを動詞の人称変化と呼びます。とても大切な文法事項ですので、ここはしっかり覚えましょう。

1 人称代名詞 （1）

ich（私）は話し手（自分）をさし **1 人称**、du（君）は聞き手（相手）をさし **2 人称**、それ以外の話題になっている人や物は **3 人称** となり、それぞれ単数と複数の区別がある。

	単数	複数
1 人称	**ich** 私	**wir** 私たち
2 人称（親称）	**du** 君	**ihr** 君たち
3 人称	**er** 彼 **sie** 彼女 **es** それ	**sie** 彼ら
2 人称（敬称）	**Sie** あなた	**Sie** あなた方

◆ **2 人称親称の du**（単数）**/ ihr**（複数）
　　du / ihr は家族、友人、子供など気軽に話せる相手に対して用いる。
◆ **2 人称敬称の Sie**（単複同形）
　　Sie は、初対面の人などに対して用いるフォーマルな形式である。
　　Sie は、文頭以外のどこにあっても大文字書きとする。
　　　　　　　　　　　　　　　　　　　　　　　　　　　　　大体 15 〜 16 歳以上の人に使います。
◆ 親称 du と敬称 Sie の使い方は、基本的に双方向的に用いる。
◆ 親称 du と敬称 Sie は、自他の年齢差ではなく主に親しさによって使い分ける。

問 1　あなたがドイツに留学中だと仮定して、（　　　）に du か Sie のいずれかを入れなさい。

1)　同じ学生同士であれば、たとえ初対面の相手であっても（　　　　）を用いる。

2)　部活やサークルの後輩だけでなく先輩に対しても（　　　　）を用いる。

3)　ホームステイ先の親とはファーストネームで呼び合っているので、（　　　　）を用いる。

4)　見知らぬ人（大人）に道を尋ねるときは、（　　　　）を用いる。

◆ 動詞の原形（不定詞）は**語幹**と**語尾 -en**（まれに -n）に分かれる。
◆ 語尾 -en の部分が、主語の人称と数（単数と複数）に応じて変化する。
◆ 人称変化した動詞を**定動詞**（あるいは**定形**）という。

不定詞 **lern -en** 学ぶ、学んでいる
語幹 ＋ 語尾

規則動詞 lernen の現在人称変化

	単数		複数	
1人称	ich	**lerne** 私は学ぶ	wir **lernen** 私たちは学ぶ	
2人称（親称）	du	**lernst** 君は学ぶ	ihr **lernt** 君たちは学ぶ	
3人称	er/sie/es	**lernt** 彼・彼女・それは学ぶ	sie **lernen** 彼らは学ぶ	
2人称（敬称）		Sie **lernen** あなた（あなた方）は学ぶ		

問2 下線部に適当な人称変化語尾を入れなさい。

1) Er lern＿＿＿ jetzt Englisch.　　　　（Englisch：英語）

2) Du lern＿＿＿ auch Englisch.

3) Ihr lern＿＿＿ jetzt Englisch.

🎧 1-15

---例文2---

Ich bin Student.	私は大学生です。
Bist du auch Student?	君も大学生ですか。
Ja, ich bin auch Student.	はい、私も大学生です。

　ドイツ語の sein 動詞は、「〜です」という意味だけでなく、「存在する、生きている」ことも表し、最も重要な動詞だと言えます。この sein 動詞は不規則な人称変化をします。

> 英語の be 動詞にあたるものが sein 動詞です。

重要動詞 sein の現在人称変化

	単数		複数	
1人称	ich	**bin** 私は…です	wir **sind** 私たちは…です	
2人称（親称）	du	**bist** 君は…です	ihr **seid** 君たちは…です	
3人称	er/sie/es	**ist** 彼・彼女・それは…です	sie **sind** 彼らは…です	
2人称（敬称）		Sie **sind** あなた（あなた方）は…です		

3 疑問文 🎧 **1-16**

◆ 疑問詞を使わないで、「はい」「いいえ」を問う疑問文を**決定疑問文**という。

◆ 疑問詞を用いない疑問文（決定疑問文）では、定動詞が文頭に来る。（**定動詞倒置**）

◆ 決定疑問文に対しては、ja「はい」か nein「いいえ」ではっきりと答える。

＊疑問詞については、基礎 A-4（14 頁）参照。

Sind Sie müde?　　　　　　　　あなたは疲れているのですか。

　→ Ja, ich bin müde.　　　　　はい、私は疲れています。

　→ Nein, ich bin nicht müde.　いいえ、私は疲れていません。

＊否定詞 nicht の用法については、基礎 A-4（16 頁）参照。

問 3 sein 動詞を適当に人称変化させて、下線部に入れなさい。

1) ＿＿＿＿＿ du Japaner?　　　→　Ja, ich ＿＿＿＿＿ Japaner.

2) ＿＿＿＿＿ sie Amerikanerin?　→　Ja, sie ＿＿＿＿＿ Amerikanerin.

　　　　　　　　　　　　　　　　　　　（Amerikaner：アメリカ人女性）

3) ＿＿＿＿＿ Sie krank?　　　　→　Nein, ich ＿＿＿＿＿ nicht krank.

　　　　　　　　　　　　　　　　　　　　　　　　　（krank：病気の）

4 定動詞（定形）第 2 位の原則 🎧 **1-17**

◆ 平叙文（普通の叙述文）では、定動詞は必ず文頭から 2 番目の位置に来る。これを**定動詞（定形）第 2 位の原則**という。

Ich *trinke* morgens Tee.　　　　私は朝、紅茶を飲みます。（morgens：朝に）

Nachmittags *trinke* ich Kaffee.　午後、私はコーヒーを飲みます。（nachmittags：午後に）

Bier *trinke* ich nur abends.　　　ビールは夜しか飲みません。（nur：…だけ、abends：夜に）

　ドイツ語では、必ずしも主語＋動詞の語順（**定動詞正置**）になるとは限りません。文頭に主語以外のものがきても全く問題ありません。動詞（定動詞）の位置（2 番目）こそ最も大切で守るべきルールとなります。

問 4 指示に従って、次の文の語順を変えなさい。

Sie spielt jetzt Tennis.　彼は今、テニスをしています。

　→ Jetzt ＿＿＿＿＿＿＿＿＿＿＿＿＿＿＿＿＿＿＿＿＿＿＿＿＿＿＿＿

　→ Tennis ＿＿＿＿＿＿＿＿＿＿＿＿＿＿＿＿＿＿＿＿＿＿＿＿＿＿＿

1. 指示された動詞を適当に人称変化させて、下線部に入れなさい。

1) _____ er jetzt Chinesisch? → Ja, er _____ jetzt Chinesisch.　< lernen >
（Chinesisch：中国語）

2) _____ sie nur Tee?　→　Ja, sie _____ nur Tee.　< trinken >　（sie：彼女は）

3) _____ du Tischtennis?　→　Ja, ich _____ Tischtennis.　< spielen >
（Tischtennis：卓球）

4) _____ Sie fleißig?　→　Ja, ich _____ fleißig.　< sein >　（fleißig：勤勉な）
→　Nein, ich _____ nicht fleißig.

2. 指示に従って書き換えなさい。

1) Ich bin Lehrer.　　< ich を er に>　（Lehrer：教師）
⇒ _____

2) Du trinkst nur Wasser.　< du を wir に>　（Wasser：水）
⇒ _____

3) Er lernt jetzt Französisch.　< jetzt を文頭に>　（Französisch：フランス語）
⇒ _____

4) Sie spielt immer Klavier.　< Klavier を文頭に>　（immer：いつも，Klavier：ピアノ）
⇒ _____

3. 下線部に適当な語を入れて、ドイツ語文を作りなさい。

1) あなたは（敬称）日本人（男性）ですか。→　はい、私は日本人です。
_____ Sie _____?　→　Ja, ich _____ _____.

2) 君は（親称）時間に正確（pünktlich）ですか。→　いいえ、私は時間に正確ではありません。
_____ du _____?　→　Nein, ich _____ nicht _____.

3) 君は（親称）朝、牛乳（Milch）を飲みますか。→　はい、私は朝、牛乳を飲みます。
_____ du morgens _____?　→　Ja, ich _____ morgens _____.

4) あなたは（敬称）夜、コーヒーを飲みますか。　→　いいえ、夜はいつも水を飲みます。
_____ Sie abends _____?
→ Nein, abends _____ _____ immer _____.

名詞の性、定冠詞・不定冠詞

例文 1

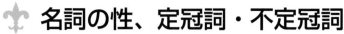

Der Mann ist Engländer.	その男性はイギリス人です。
Ich kenne den Mann.	私はその男性を知っています。
Das Haus des Mannes ist groß.	その男性の家は大きい。

　ドイツ語の名詞は常に大文字で書き始めます。人の名前や地名だけでなく、名詞はすべて大文字書きします。文頭以外、文章の中で大文字で書かれているものがあれば、それは名詞だということがわかります。この名詞の大文字書きに慣れてください。

1 名詞の性

◆ 大文字書きをする名詞は、男性・女性・中性という 3 種類の文法上の性によって分けられる。

男性名詞：**Mann**（男）, **Hund**（犬）, **Tisch**（机）, **Anzug**（背広）, **Stein**（石）
女性名詞：**Frau**（女）, **Katze**（猫）, **Tür**（ドア）, **Hose**（ズボン）, **Luft**（空気）
中性名詞：**Kind**（子供）, **Schwein**（豚）, **Fenster**（窓）, **Kleid**（ドレス）, **Wasser**（水）

2 定冠詞

◆ 名詞の性は、主に**定冠詞**によって表示される。
◆ 名詞は性（男性・女性・中性）と数（単数・複数）に応じて異なる定冠詞が用いられる。

der（男性）　/　**die**（女性）　/　**das**（中性）　/　**die**（複数）

◆ 定冠詞は既出のもの、特定のものを指し、「その…」を意味する。また指示物との距離に関係なく「この…、あの…」を意味することもある。
◆ ドイツ語の定冠詞は日本語の格助詞（は／の／に／を）と同様、文法上の意味（役割）を表すために形を変える。これを**格変化**という。

定冠詞と名詞の格変化

	男 Mann 男・夫	女 Frau 女・妻	中 Kind 子供	複 Leute 人々
1 格（〜は）	**der** Mann	**die** Frau	**das** Kind	**die** Leute
2 格（〜の）	**des** Mann(e)s	**der** Frau	**des** Kind(e)s	**der** Leute
3 格（〜に）	**dem** Mann	**der** Frau	**dem** Kind	**den** Leuten
4 格（〜を）	**den** Mann	**die** Frau	**das** Kind	**die** Leute

※男性名詞と中性名詞の単数 2 格には、語尾 **-(e)s** が付く。

※複数 3 格には語尾 **-n** が付く。

※複数形には、男性・女性・中性の区別がなくなる。

問 1 次の名詞に定冠詞を付け、格変化させなさい。

1) Vater（父）　　2) Mutter（母）　　3) Mädchen（少女）　　4) Geschwister（兄弟姉妹）

例文 2　　　　　　　　　　　　　　　　　　　　　　　🎧 1-20

Ich habe einen Bruder.　　　私は兄（弟）が一人いる。

Du hast eine Schwester.　　　君は姉（妹）が一人いる。

Der Lehrer hat ein Kind.　　　その先生は子供が一人いる。

　ドイツ語では、定冠詞と同様、不定冠詞も名詞の性と数に応じて決まった形をとります。よくみると定冠詞の形ととてもよく似ていますので、定冠詞と不定冠詞は一緒に覚えるといいでしょう。

3 不定冠詞

◆ **不定冠詞**は任意のもの、不特定のものを指し、「ある～」「1 つ（1 人）の～」を意味する。

ein（男性）　/　**eine**（女性）　/　**ein**（中性）

不定冠詞の格変化

	男 Vater 父	女 Mutter 母	中 Haus 家
1 格（～は）	**ein** Vater	**eine** Mutter	**ein** Haus
2 格（～の）	**eines** Vater[s]	**einer** Mutter	**eines** Haus(e)s
3 格（～に）	**einem** Vater	**einer** Mutter	**einem** Haus
4 格（～を）	**einen** Vater	**eine** Mutter	**ein** Haus

問 2 次の名詞に不定冠詞を付け、格変化させなさい。

1) Bruder（兄弟）　　2) Schwester（姉妹）　　3) Buch（本）

重要動詞 haben の人称変化

	単数		複数	
1 人称	ich **habe** 私は…を持っている		wir **haben** 私たちは…を持っている	
2 人称（親称）	du **hast** 君は…を持っている		ihr **habt** 君たちは…を持っている	
3 人称	er/sie/es **hat** 彼・彼女・それは…を持っている		sie **haben** 彼らは…を持っている	
2 人称（敬称）	Sie **haben** あなた（方）は…を持っている			

4 格の用法 🎧 1-21

1 格（主格）「〜は／が」 <u>Der Vater</u> ist streng. 父は厳しい。
2 格（属格）「〜の」 Das ist die Brille <u>des Vaters</u>. これは父のメガネです。
3 格（与格）「〜に」 Du bist <u>dem Vater</u> ähnlich. 君は父親に似ている。
4 格（対格）「〜を」 Die Mutter liebt <u>den Vater</u>. 母は父を愛している。

問 3 下線部に適当な定冠詞あるいは不定冠詞を入れなさい。

1) Das ist _____ Mann. これは一人の男性です。
2) Das Haus _____ Lehrers ist alt. その先生の家は古い。
3) Er ist _____ Mutter ähnlich. 彼は母親に似ている。
4) Der Mann liebt _____ Frau. その男性はある女性を愛している。

5 動詞の現在人称変化 (2) ──規則動詞

◆ 発音上（調音）の理由から、語尾変化に注意を要する動詞がある。

	arbeiten（働く）	heißen（という名前である）
ich	arbeite	heiße
du	arbeit[e]st	heiß[t]
er/sie/es	arbeit[e]t	heißt
wir	arbeiten	heißen
ihr	arbeit[e]t	heißt
sie（Sie）	arbeiten	heißen

＊ finden 見つける：du findest, er findet
reisen 旅行する：du reist, er reist

問 4 下線部に適当な変化語尾を入れなさい。

1) Du heiß___ Johannes. Er heiß___ Markus.
2) Ich arbeit___ viel. Arbeit___ du auch viel?

1. ＿＿ 線部に適当な定冠詞を、＿＿ 線部には不定冠詞を入れなさい。

1) ＿＿＿＿＿＿ Hund ist groß.　　(groß：大きい)

2) ＿＿＿＿＿＿ Katze ist klein.　　(klein：小さい)

3) Ich habe ＿＿＿＿＿＿ Tante.　　(Tante：おば)

4) Du hast ＿＿＿＿＿＿ Onkel.　　(Onkel：おじ)

2. 指示に従って書き換えなさい。

1) Er hat einen Kugelschreiber.　　< er を du に> (Kugelschreiber：ボールペン)

⇒ ＿＿＿＿＿＿＿＿＿＿＿＿＿＿＿＿＿＿＿＿＿＿＿＿＿

2) Ich arbeite fleißig.　　< ich を wir に>

⇒ ＿＿＿＿＿＿＿＿＿＿＿＿＿＿＿＿＿＿＿＿＿＿＿＿＿

3) Das ist die Tasche der Frau.　　< Frau を Mann に>

⇒ ＿＿＿＿＿＿＿＿＿＿＿＿＿＿＿＿＿＿＿＿＿＿＿＿＿

4) Das Kind ist dem Onkel ähnlich.　< Onkel を Tante に>

⇒ ＿＿＿＿＿＿＿＿＿＿＿＿＿＿＿＿＿＿＿＿＿＿＿＿＿

3. 下線部に適当な語を入れて、ドイツ語文を作りなさい。

1) これはその（男子）生徒 (r Schüler) のノート (s Heft) です。

Das ist ＿＿＿＿＿ Heft ＿＿＿＿＿ Schülers.

2) その（女子）生徒 (e Schülerin) の時計 (e Uhr) は新しい (neu)。

＿＿＿＿＿ Uhr ＿＿＿＿＿ Schülerin ist ＿＿＿＿＿.

3) その（女性）教師はとても熱心に働いている。

＿＿＿＿＿ Lehrerin ＿＿＿＿＿ sehr ＿＿＿＿＿.

4) その犬はかま (beißen) ない。

＿＿＿＿＿ Hund ＿＿＿＿＿ nicht.

複数形、定冠詞類・不定冠詞類

─ 例文 1 ──────────────────────────── 🎧 1-23

Haben Sie Kinder?	あなたはお子さんがいますか。
─ **Ja, ich habe ein Kind.**	はい、私は子供が一人います。
Haben Sie auch Kinder?	あなたもお子さんがいますか。
Ja, ich habe zwei Kinder.	はい、私は子供が二人います。

　日本語では、「あそこに人がいる」の「人」は単数か複数か区別をつけません。ドイツ語ではこの場合、その「人」は一人なのか複数の「人」なのかを明確にしなければなりません。文章を作るときの発想の仕方が違いますので、複数形についてもきちんと覚えましょう。

1 複数形

◆ 複数形になると、名詞の性の区別が無くなる。
◆ ドイツ語の複数形には 5 つのタイプがある。

語尾の形式	辞書の表記法	単数	複数
① 無語尾	– ¨	der Lehrer der Vater	die Lehrer die Väter
② **–e**	–e ¨e	der Tag die Hand	die Tage die Hände
③ **–er**	–er ¨er	das Kind der Mann	die Kinder die Männer
④ **–[e]n**	–n –en	das Auge die Frau	die Augen die Frauen
⑤ **–s**	–s	die Party das Auto	die Partys die Autos

辞書の記載方法

Haus 中 (n) –es / **Häuser** (¨er)
　　　　単数 2 格の語尾　　　　複数形の語尾

問 1 次の名詞の複数形を調べ、定冠詞を付けて格変化させなさい。

1) Onkel (おじ)　2) Nacht (夜)　3) Blume (花)

例文 2

Alle Autos sind neu.	車はすべて新しいです。
Welches Auto kaufen Sie?	あなたはどの車を買いますか。
― Ich kaufe dieses Auto.	私はこの車を買います。

2 定冠詞類

◆ 定冠詞とほぼ同じ格変化をするものを**定冠詞類**と呼ぶ。

◆ 定冠詞類には次のものがある。

dieser この　　jener あの　　solcher そのような　　welcher どの
aller すべての　　jeder それぞれの　　mancher いくつもの、少なからぬ

定冠詞類 dieser の格変化

	男 この男性	女 この女性	中 この子供	複 この人々
1 格（〜は）	**dieser** Mann	**diese** Frau	**dieses** Kind	**diese** Leute
2 格（〜の）	**dieses** Mann(e)s	**dieser** Frau	**dieses** Kind(e)s	**dieser** Leute
3 格（〜に）	**diesem** Mann	**dieser** Frau	**diesem** Kind	**diesen** Leuten
4 格（〜を）	**diesen** Mann	**diese** Frau	**dieses** Kind	**diese** Leute

問 2 格変化させなさい。

1) welcher Anzug　　2) welche Hose　　3) welches Kleid　　4) alle Schuhe

例文 3

Das ist meine Frau.	これは私の家内です。
Ist das Ihre Frau?	こちらはあなたの奥さまですか。
― Nein. Das ist seine Frau.	いいえ。こちらは彼の奥さまです。

3 不定冠詞類

◆ 不定冠詞とほぼ同じ格変化をするものを**不定冠詞類**と呼ぶ。

◆ 不定冠詞類には次のものがある。

所有冠詞：mein 私の　　dein 君の　　sein 彼の　　ihr 彼女の　　sein それの
　　　　　unser 私たちの　　euer 君たちの　　ihr 彼らの　　Ihr あなた（方）の
否定冠詞：kein （一つも）〜ない

不定冠詞類 mein の格変化

	男 私の夫	女 私の妻	中 私の子供	複 私の子供たち
1格（〜は）	**mein** Mann	**meine** Frau	**mein** Kind	**meine** Kinder
2格（〜の）	**meines** Mann(e)s	**meiner** Frau	**meines** Kind(e)s	**meiner** Kinder
3格（〜に）	**meinem** Mann	**meiner** Frau	**meinem** Kind	**meinen** Kindern
4格（〜を）	**meinen** Mann	**meine** Frau	**mein** Kind	**meine** Kinder

問 3 格変化させなさい。

1) dein Sohn　　2) deine Tochter　　3) dein Haus　　4) deine Brüder

4 動詞の現在人称変化 (3) ──不規則動詞

◆ 不規則動詞の場合、語幹の母音が変化することがある。

	fahren（乗り物で行く） a > ä	geben（与える） e > i	sehen（見る） e > ie
ich	fahre	gebe	sehe
du	fährst	gibst	siehst
er/sie/es	fährt	gibt	sieht
wir	fahren	geben	sehen
ihr	fahrt	gebt	seht
sie（Sie）	fahren	geben	sehen

* schlafen 眠っている：du schläfst, er schläft

　essen 食べる：du isst, er isst

　sprechen 話す：du sprichst, er spricht

　lesen 読む：du liest, er liest

問 4 指示された動詞を適当に人称変化させて、下線部に入れなさい。

1) Ich fahre langsam. Du _____ schnell.　　　　< fahren >

2) Wir sprechen laut. Du _____ leise.　　　　< sprechen >

3) Ich lese eine Zeitung. Er _____ einen Roman.　　< lesen >

4) Wir essen viel. Er _____ wenig.　　　　< essen >

1. 訳を参照して、下線部に定冠詞類あるいは不定冠詞類を入れなさい。

1) _____ Mann ist Österreicher.

　　この男性はオーストリア人です。

2) _____ Zeitung lesen Sie?

　　あなたはどの新聞を読みますか。

3) Das ist _____ Haus.

　　これは私の家です。

4) _____ Sohn spricht Deutsch.

　　あなたの息子はドイツ語を話す。

2. 指示に従って書き換えなさい。

1) <u>Das Kind</u> spielt Fußball.　　＜複数形に＞

　　⇒ _____

2) <u>Diese Blume</u> ist sehr schön.　　＜複数形に＞

　　⇒ _____

3) Mein Onkel hat <u>einen</u> Sohn.　　＜ zwei に＞

　　⇒ _____

4) Ich lese <u>ein</u> Buch hier.　　＜ alle に＞

　　⇒ _____

3. 下線部に適当な語を入れて、ドイツ語文を作りなさい。

1) 全ての人たちがこの歌（s Lied）を歌います（singen）。

　　_____ Leute _____ _____ Lied.

2) あなたは（敬称の Sie）どちらのスーツ（r Anzug）を買いますか（kaufen）か。

　　_____ Anzug _____ _____?

3) これは私の父の車です。

　　Das _____ das _____ _____ Vaters.

4) 彼の家の屋根（s Dach）は赤い（rot）。

　　_____ Dach _____ Hauses _____ rot.

⚜ # 疑問詞、並列接続詞、kein と nicht

例文 1 ────────────────────────────── 1-27

Wie heißen Sie?	あなたの名前は何というのですか。
― **Ich heiße Thomas Müller.**	私はトーマス・ミュラーという名前です。
Und wie heißen Sie?	あなたの名前は何というのですか。
Ich heiße Theresia Rose.	私はテレジア・ローゼという名前です。

　相手から **Sie** で名前を尋ねられたら、こちらも **Sie** で尋ね返します。もし相手から **du** で名前を尋ねられたら、ファーストネームで答え、次にこちらも **du** で相手の名前を尋ねます。**du** と **Sie** の使い方は双方向的であることに注意してください。コミュニケーションはキャッチボールと同じです。決して一方的にならないように気を付けましょう。

du を用いると、例文 1 は次のようになります。 1-28

Wie heißt du?	名前は何というの？
― Ich heiße Thomas.	僕の名前はトーマス。
Und wie heißt du?	君の名前は何というの？
Ich heiße Theresia.	私はテレジアよ。

1 疑問詞 🎧 1-29

◆ 疑問詞のある疑問文を、**補足疑問文**という。
◆ 補足疑問文では、定動詞は 2 番目（疑問詞の後）に位置する。

時（いつ）wann

　　Wann lernst du Deutsch?　　いつ君はドイツ語を学ぶのですか。

所（どこ）wo

　　Wo wohnen Sie?　　あなたはどこに住んでいますか。

人（誰）wer

　　Wer sind Sie?　　あなたは誰ですか。

事物（何）was

　　Was ist das?　　これは何ですか。

様態（どのように）wie

　　Wie ist das Wetter?　　天気はどうですか。

理由（なぜ）warum

　　Warum kommt er nicht?　　なぜ彼は来ないのですか。

問1 訳を参照して、（　　）に適当な疑問詞を入れなさい。

1) （　　　　　） bist du?　　　　　君は誰ですか。

2) （　　　　　） wohnt er?　　　　 彼はどこに住んでいますか。

3) （　　　　　） lernt ihr?　　　　 君たちは何を学んでいるのですか。

4) （　　　　　） kommen Sie?　　　 あなたはいつ来るのですか。

例文 2

Du reist oft, denn du hast Geld und Zeit.

君はよく旅行する、なぜなら君はお金と時間があるからだ。

Ich habe Zeit, aber ich reise nicht, denn ich habe kein Geld.

僕には時間はあるけど、旅行はしない、なぜならお金がないからだ。

文章を論理的に組み立てるとき、接続詞が大切な働きをします。文と文の関係を知る上で、接続詞は欠かせない存在です。

2　並列接続詞　🎧 1-31

◆ 定動詞の位置に何の影響も与えない接続詞を、**並列接続詞**と呼ぶ。

und そして　　aber しかし　　oder あるいは　　denn なぜなら
(nicht...), sondern　…ではなくて（そうではなくて）〜だ

◆ 定動詞の位置
　決定疑問文：定動詞倒置（文頭）
　　　Gehst du mit [oder] bleibst du hier?
　　　　一緒に行くの、それとも君はここに残るかい？
　平叙文：定動詞第2位の原則（動詞は文頭から2番目）
　　　Ich bleibe hier [und] du gehst allein.
　　　　僕はここに残り、君は一人で行くのだ。

問2 下線を引いた定動詞の位置は間違っています。正しく書き直しなさい。

1) Gehen Sie mit oder Sie hier <u>bleiben</u>?

　⇒ _____

2) Ich bleibe hier und Sie allein <u>gehen</u>.

　⇒ _____

3) Er reist oft, denn <u>hat</u> er Geld.

　⇒ _____

◆ 男性名詞の中に、単数1格以外すべての語尾に -en（又は -n）が付く名詞がある。
これを**男性弱変化名詞**と呼ぶ。

Polizist　警察官

	単数	複数
1格（〜は）	**der** Polizist	**die** Polizist en
2格（〜の）	**des** Polizist en	**der** Polizist en
3格（〜に）	**dem** Polizist en	**den** Polizist en
4格（〜を）	**den** Polizist en	**die** Polizist en

その他の男性弱変化名詞

Mensch 人間　**Student** 大学生　**Präsident** 大統領　**Soldat** 兵士　**Löwe** ライオン（等）

◆ kein は名詞のみを否定する。
①不定冠詞付きの名詞を否定するとき：

Haben Sie ein Wörterbuch?　　　　　　　あなたは辞書を持っていますか。
— Nein, ich habe **kein** Wörterbuch.　　いいえ、私は辞書を持っていません。

②無冠詞の名詞を否定するとき：

Haben Sie morgen Zeit?　　　　　　　　明日は暇ですか。
— Nein, morgen habe ich **keine** Zeit.　いいえ、明日は時間がありません。

◆ nicht は名詞だけでなく、形容詞・副詞そして動詞を否定する。
①名詞（句）を否定するとき：

Ist das Ihr Haus?　　　　　　　　　　　これはあなたの家ですか。
— Nein, das ist **nicht** mein Haus.　　　いいえ、これは私の家ではありません。

②形容詞を否定するとき：

Ist das Auto neu?　　　　　　　　　　　その車は新しいですか。
— Nein, das Auto ist **nicht** neu.　　　　いいえ、その車は新しくありません。

③副詞を否定するとき：

Lernt er fleißig?　　　　　　　　　　　彼は熱心に学んでいますか。
— Nein, er lernt **nicht** fleißig.　　　　　いいえ、彼は熱心に学んでいません。

④動詞を否定するとき：

Kommt er heute?　　　　　　　　　　　彼は今日来ますか。
— Nein, er kommt heute **nicht**.　　　　いいえ、彼は今日来ません。

1. (　　　) に適当な疑問詞を入れなさい。

1) (　　　　) machen die Schüler jetzt?　— Sie machen jetzt eine Pause.

2) (　　　　) trinken Sie Milch?　— Ich trinke morgens Milch.

3) (　　　　) ist die Frau?　— Das ist Frau Steinberg, unsere Lehrerin.

4) (　　　　) heißen Sie?　— Ich heiße Johannes Müller.

2. すべて否定文で答えなさい。

1) Hast du ein Fahrrad?

　　Nein, ＿＿＿＿＿＿＿＿＿＿＿＿＿＿＿＿＿＿＿＿＿＿＿＿＿.

2) Hast du heute Abend Zeit?

　　Nein, ＿＿＿＿＿＿＿＿＿＿＿＿＿＿＿＿＿＿＿＿＿＿＿＿＿.

3) Arbeitest du immer fleißig?

　　Nein, ＿＿＿＿＿＿＿＿＿＿＿＿＿＿＿＿＿＿＿＿＿＿＿＿＿.

4) Ist das die Brille des Studenten?

　　Nein, ＿＿＿＿＿＿＿＿＿＿＿＿＿＿＿＿＿＿＿＿＿＿＿＿＿.

3. 下線部に適当な語を入れて、ドイツ語文を作りなさい。

1) 彼の運転は非常に慎重 (**vorsichtig**) で遅い (**langsam**) です。

* 動詞 fahren (運転する)

　　Er ＿＿＿＿＿＿ sehr ＿＿＿＿＿＿ ＿＿＿＿ ＿＿＿＿＿＿.

2) あなたは (敬称) 朝 (**morgens**) パンを食べますか、それともご飯 (**Reis**) を食べますか。

* 食べ物は原則として無冠詞

　　＿＿＿＿＿＿ Sie ＿＿＿＿＿＿ Brot ＿＿＿＿ Reis?

3) その男子生徒 (**r Schüler**) は今日 (**heute**) 来ません。なぜなら病気 (**krank**) だからです。

　　Der Schüler ＿＿＿＿＿＿ heute ＿＿＿＿＿＿, ＿＿＿＿ er ＿＿＿＿ krank.

4) その女子生徒の名前はクリスティーナ (**Christina**) ではなくて、ユーリア (**Julia**) です。

* 動詞 heißen (名前である)

　　Die Schülerin ＿＿＿＿＿＿ ＿＿＿＿＿＿ Christina, ＿＿＿＿＿＿ Julia.

命令形、人称代名詞（2）

1-34

例文 1

Was machst du, Michael?	ミヒャエル、何をしているの。
Die Suppe wird kalt.	スープが冷めるわ。
Komm schnell hierher!	早くこっちにいらっしゃい。
— Warte bitte noch fünf Sekunden!	あとちょっと待って。

命令形と聞くと、何かとてもきついイメージがありますが、相手に何かしてもらいたいことを直接的に伝える表現ですので、ドイツ語の日常会話ではよく使われます。**bitte**「どうぞ」を添えるだけで、ずいぶん表現が和らぎます。

1 命令形

> 命令文は必ず文末を下げて発音します。

1-35

自分と相手とが互いに du で呼び合うのか Sie で呼び合うのか、あるいは命令文を受ける相手が一人か、二人以上かによって、動詞の命令形が異なる。

◆ du で呼びかける相手に対して（du に対する命令）：

> 日常口語体では e が省かれることが多いです。

動詞の語幹 + (**e**)！

Lerne fleißig! 熱心に学びなさい。 Komm schnell! 早く来なさい。

◆ du で呼びかける相手が 2 人以上の場合（ihr に対する命令）：

動詞の語幹 + **t** ！（人称変化形と同形）

Lernt fleißig!　　　　　Kommt schnell!

◆ 敬称の Sie で呼びかける相手に対して（Sie に対する命令）：

動詞の語幹 + (**e**)**n** Sie!（seien 以外不定詞と同形）

Lernen Sie fleißig!　　　Kommen Sie schnell!

※ Sie に対する命令の場合、文末を上げて発音すると、そのまま疑問文となる。

Lernen Sie fleißig! ＜命令形＞　　　Lernen Sie fleißig? ＜疑問文＞

＜注意すべき命令形＞

◆ 幹母音が二人称単数形で e → i / ie に変わる動詞の命令形：

（例）sprechen（話す）, geben（与える）, sehen（見る）, lesen（読む）　＊基礎 A-3、12 頁参照

人称変化形から変化語尾 -st を取った形

helfen（助ける , 手伝う）：(du) hilfst ⇒ hilf ＞ Hilf mir! 手伝ってちょうだい。

◆ sein 動詞の命令形：

（du に対する命令）Sei still!　静かにしなさい。

（ihr に対する命令）Seid still!

（Sie に対する命令）Seien Sie still!

指示に従って下線部に動詞を入れて、命令文にしなさい。

1) du に対する命令： _____ bitte das Lied!　　< singen >

2) ihr に対する命令： _____ leise!　　　　　< sprechen >

3) Sie に対する命令： _____ Sie langsam!　　< fahren >

─ 例文 2 ─

Er ist glücklich, denn er liebt sie, und sie liebt ihn auch.

彼は幸せだ。なぜなら彼は彼女を愛し、彼女も彼を愛しているからだ。

Ich bin nicht glücklich, denn ich liebe dich, aber du liebst mich nicht.

僕は不幸せだ。なぜなら僕は君を愛しているが、君は僕を愛していないからだ。

　例えば「誰が」「誰を」愛しているのかが問われるとき、それをはっきりさせるのが、日本語では格助詞であり、ドイツ語では格変化と言われるものです。人称代名詞の格変化を正確に覚えて、言いたいことを正しく相手に伝えましょう。

2 人称代名詞 (2) 1-37

人称代名詞の格変化

	単数			複数			敬称
1格	ich	du	er / sie / es	wir	ihr	sie	Sie
3格	mir	dir	ihm / ihr / ihm	uns	euch	ihnen	Ihnen
4格	mich	dich	ihn / sie / es	uns	euch	sie	Sie

> 人称代名詞の2格形は現在ではほとんど用いられません。

<注意すべき用法>
◆ 3人称の er / sie / es は、それが示す名詞の性と対応する。
　Ich habe einen **Hund**. **Er** heißt Max.　私は犬を飼っています。その犬の名前はマックスです。
　Du hast eine **Uhr**. Wo ist **sie**?　　　　君は時計を持っています。その時計はどこにありますか。

問2 （　　）に適当な人称代名詞を入れなさい。

1) Du hast eine Katze. Wie heißt（　　　　　）?

2) Kennst du den Mann? —Ja, ich kenne（　　　　　）.

3) Wo sind Klaus und Ingrid? —（　　　　　）sind schon weg.

◆ 人称代名詞の **es**：中性名詞に対応する。
　　Das ist ein **Buch**.　Ich gebe **es** dir.　これは本です。それを君にあげます。
◆ 非人称の **es**：特定の名詞と結びつかず、「それ」という意味をもたない。
①自然現象
　　Es regnet.　雨が降る。　**Es** schneit.　雪が降る。　**Es** ist kalt.　寒い。
②時刻
　　Wie spät ist **es**?　何時ですか。　　　　　　　　　**Es** ist neun Uhr.　9時です。
③熟語的表現
　　Wie geht **es** Ihnen?　お元気ですか。　　**Es** geht mir gut.　私は元気です。
　　Es gibt zwei Lösungen.　二つの解答がある。

問 3　es の用法に気を付けて、和訳しなさい。

1) Das Buch ist interessant. Ich kaufe es.　（**interessant**：おもしろい）（**kaufen**：買う）

2) Es ist schon dunkel. Es wird langsam Zeit.　（**dunkel**：暗い）　　（**langsam**：そろそろ）

3) Geht es dir schlecht? — Ja, mir ist übel.　（**übel**：吐きそうな）

4　動詞の現在人称変化 (4) ──不規則動詞

	werden ～になる	wissen 知っている	nehmen 手に取る
ich	werde	**weiß**	nehme
du	**wirst**	**weißt**	**nimmst**
er/sie/es	**wird**	**weiß**	**nimmt**
wir	werden	wissen	nehmen
ihr	werdet	wisst	nehmt
sie (Sie)	werden	wissen	nehmen

問 4　指示された動詞の人称変化形を下線部に書きなさい。

1) Ich werde Fußballspieler. Was _____ du?　　< werden >

2) Er lügt immer. — Das _____ ich.　　< wissen >

3) Du hast keine Zeit. _____ du ein Taxi?　　< nehmen >

🎧 1-39

1. （　　　）に人称代名詞を入れなさい。

1) Wie alt ist dein Hund? －（　　　）ist schon 10 Jahre alt.

2) Die Hose passt mir gut. Ich kaufe （　　　）.

3) Wie geht es dir? － Danke, （　　　）geht （　　　）gut.

4) Sehen Sie das Hotel da oben? － Nein, ich sehe （　　　）nicht.

2. 指示に従って書き換えなさい。

1) Nehmen Sie den Bus!　　　　＜ du に対する命令に＞

⇒＿＿＿＿＿＿＿＿＿＿＿＿＿＿＿＿＿＿＿＿＿＿＿＿＿＿＿＿＿

2) Geben Sie mir das Brot!　　　＜ du に対する命令に＞

⇒＿＿＿＿＿＿＿＿＿＿＿＿＿＿＿＿＿＿＿＿＿＿＿＿＿＿＿＿＿

3) Lesen Sie Zeitungen!　　　　＜ ihr に対する命令に＞

⇒＿＿＿＿＿＿＿＿＿＿＿＿＿＿＿＿＿＿＿＿＿＿＿＿＿＿＿＿＿

4) Bleiben Sie brav und lernen Sie viel!　＜ ihr に対する命令に＞

⇒＿＿＿＿＿＿＿＿＿＿＿＿＿＿＿＿＿＿＿＿＿＿＿＿＿＿＿＿＿

3. 下線部に適当な語を入れて、ドイツ語文を作りなさい。

1) 私はカメ（e Schildkröte）を一匹飼っている（haben）。それはまだ（noch）生きている（leben）。

Ich ＿＿＿ ＿＿＿ Schildkröte. ＿＿＿ ＿＿＿ noch.

2) 彼は携帯電話（s Handy）を一台持っている。それは新しい（neu）。

Er ＿＿＿ ＿＿＿ Handy. ＿＿＿ ＿＿＿ neu.

3) 彼女は日傘（r Sonnenschirm）を一本持っている。彼女はそれが気に入っている。

Sie ＿＿＿ ＿＿＿ Sonnenschirm. ＿＿＿ gefällt ＿＿＿ gut.

＊動詞 gefallen：〜が（1 格）人（3 格）の気に入る

4) 答え（e Lösung）は一つあります（es gibt ...）。それはとても簡単（einfach）です。

Es ＿＿＿ ＿＿＿ Lösung. ＿＿＿ ＿＿＿ sehr einfach.

⚜ 前置詞

例文 1

Was machen Sie während der Sommerferien?

夏休みの間、あなたは何をしますか。

— Ich fahre mit meinen Freunden nach Deutschland.

私は友人たちとドイツへ行きます。

Was machen Sie? あなたは何をしますか。

Ich reise mit meinem Auto durch ganz Japan.

私は車で日本中を旅行します。

ドイツ語にはさまざまな前置詞があります。前置詞を用いることで、表現の幅が飛躍的に広がります。前置詞の正しい用法は、即表現力だと思ってください。あせらずにじっくりと覚えましょう。

1 前置詞の格支配 🎧 1-41

前置詞は名詞・代名詞などの前に位置することから、その呼び名が付いている。前置詞はそれぞれ特定の格と結びつく。これを前置詞の**格支配**という。

◆ 2 格支配の前置詞

statt 〜の代わりに	trotz 〜にもかかわらず	während 〜の間に	wegen 〜ゆえに

statt meines Vaters　私の父の代わりに　　trotz des Regens 雨にもかかわらず
wegen der Erkältung 風邪のために

◆ 3 格支配の前置詞

aus 〜の中から　　bei 〜の所に、〜の際に　　mit 〜と一緒に、〜で　　nach 〜の方へ、〜の後で	
seit 〜以来　　von 〜の、〜について、〜から　　zu 〜の方へ、〜の所へ	

aus dem Zimmer 部屋の中から　　bei meinem Onkel おじの所で
nach dem Essen　食事の後　　seit drei Jahren　　3 年前から

◆ 4 格支配の前置詞

bis 〜まで　　durch 〜を通って　　für 〜のために　　gegen 〜に向かって	
ohne 〜なしで　　um 〜のまわりに、〜時に（時刻）	

durch den Park　　公園を通りぬけて　　für die Familie 家族のために
gegen das Gesetz 法律に反して　　ohne ein Wort 一言も言わないで

前置詞に応じて定冠詞を格変化させて、（　　）に入れなさい。

1) Während (　　) Sommers arbeite ich bei (　　) Firma.

2) Wegen (　　) Grippe bleibt er zu Hause.

3) Für (　　) Königin kämpfen die Ritter gegen (　　) Feind.

4) Aus (　　) Ausland kommen viele Touristen.

🎧 1-42

─ 例文 2 ──────────────

Wo liegt Ihre Wohnung?　　　　　　　　あなたの住まいはどこにありますか。

― Meine Wohnung liegt in der Vorstadt.

　　　　　　　　　　　　　　　　　　　私の住まいは郊外にあります。

Wohin gehen Sie am Sonntag?　　　　　日曜日にあなたはどこへ行きますか。

― Am Sonntag gehe ich in die Innenstadt.

　　　　　　　　　　　　　　　　　　　日曜日に私は市の中心部へ出かけます。

　前置詞 in の後の定冠詞が、3 格のときと 4 格のときの二通りあることに気が付きましたか。3 格のとき、その「住まい」は郊外という定位置の場所にあることが分かり、4 格のときは、「私」が市の中心部へ動いて移動する様がイメージされます。3 格か 4 格かで、言葉によるイメージの仕方に変化が生じるということになります。

2 3・4 格支配の前置詞 🎧 1-43

次の 9 個の前置詞は、空間における位置と動きのイメージを伝える重要な働きがある。

an ～のきわ	**auf** ～の上	**hinter** ～の後ろ	**in** ～の中
neben ～のそば	**über** ～の上方	**unter** ～の下	**vor** ～の前
zwischen ～の間			

◆ 場所・静止・状態を表すとき：3 格支配

Das Buch liegt **auf dem** Tisch.　　　その本は机の上にある。
Der Polizist steht **vor dem** Haus.　　警官が家の前で立っている。
Wo bist du jetzt?　　　　　　　　　今どこにいるの？
― Ich bin **in der** Kirche.　　　　　教会の中にいます。

◆ 運動・方向・移動を表すとき：4 格支配

Ich lege das Buch **auf den** Tisch.　　私はその本を机の上に置く。
Der Polizist geht **vor das** Haus.　　警官が家の前に行く。
Wohin geht ihr?　　　　　　　　　どこへ行くの？
― Wir gehen **in die** Kirche.　　　　教会（の中）へ行きます。

（　　　）に定冠詞の 3 格形あるいは 4 格形を入れなさい。

1) Wir gehen in (　　　) Stadthalle.　　　　（Stadthalle：市民会館）

   Wir sind jetzt in (　　　) Stadthalle.

2) Ich lege die Zeitung auf (　　　) Sofa.

   Die Zeitung liegt jetzt auf (　　　) Sofa.

3) Er hängt das Bild an (　　　) Wand.

   Das Bild hängt jetzt an (　　　) Wand.

3　前置詞と定冠詞の融合形　🎧 1-44

前置詞の中には、後続する定冠詞と結合して 1 語となることがある。これを前置詞と定冠詞の**融合形**と呼ぶ。

融合形には次のようなものがある。

am < an dem　**ans** < an das　**aufs** < auf das　**beim** < bei dem　**im** < in dem		
ins < in das　**vom** < von dem　**zum** < zu dem　**zur** < zu der		

◆ 融合形では、定冠詞の持つ「その」という指示的な意味が消失する。

Ich gehe **zu der** Post.　　私は**その**郵便局へ行く。

Ich gehe **zur** Post.　　私は郵便局へ行く。

問 3　定冠詞の形に気を付けて、和訳しなさい。

1) Die Kinder gehen zur Schule.

2) Die Kinder gehen zu der Schule.

4　時刻の表現　🎧 1-45

Wie spät ist es jetzt?　今何時ですか。　　　**Es ist** vier **Uhr.**　4時です。

6.10　sechs Uhr zehn / zehn **nach** sechs

7.50　sieben Uhr fünfzig / zehn **vor** acht

8.30　acht Uhr dreißig / **halb** neun

11.15　elf Uhr fünfzehn / **Viertel nach** elf

12.45　zwölf Uhr fünfundvierzig / **Viertel vor** eins

21.35　einundzwanzig Uhr fünfunddreißig / fünf nach **halb** zehn

問 4　次の時刻をドイツ語で表現しなさい。

1) 10 時 12 分：

2) 14 時 25 分：

1. （　　　）に定冠詞の 3 格形あるいは 4 格形を入れなさい。

1) Meine Mutter stellt einen Teller auf (　　　) Tisch.

2) Die Studenten lesen die Bücher in (　　　) Bibliothek.

3) Unser Hund schläft immer unter (　　　) Tisch.

4) Der Lehrer schreibt die Hausaufgaben an (　　　) Tafel.

2. 前置詞に注意して、和訳しなさい。

1) Seit einem Jahr lernt sie mit ihm Japanisch.

_____

2) Wegen des Regens spielen die Kinder im Haus.

_____

3) Nach dem Frühstück trinke ich Kaffee ohne Zucker.

_____

4) Sie sitzt auf dem Sessel und liest einen Brief von ihrem Freund.

_____

3. 下線部に適当な語を入れて、ドイツ語文を作りなさい。

1) 私は自転車（s Fahrrad）で（mit ...）森（r Wald）を通り抜けて（durch ...）行く（fahren）。

Ich _____ mit _____ Fahrrad durch _____ Wald.

2) 雨にもかかわらず、私の息子（r Sohn）は通り（e Straße）で（auf ...）遊んでいる（spielen）。

_____ des Regens _____ mein Sohn auf _____ Straße.

3) 夏休み（pl. Sommerferien）の間、彼は友人たちと（mit ...）その山（r Berg）に（auf ...）
登る（steigen）。

_____ der Sommerferien _____ er mit _____ Freunden

auf _____ Berg.

4) 今晩、私たちは駅（r Bahnhof）前（vor ...）のレストラン（s Restaurant）で（in ...）食事を
する（essen）。

Heute Abend _____ wir in _____ Restaurant vor _____ Bahnhof.

⚜ 形容詞、序数詞

🎧 1-47

例文 1

Dieser Koffer ist alt und schwer.　　　このトランクは古くて重いです。

Haben Sie einen neuen und leichten Koffer?

新しくて軽いトランクはありますか。

― Ja. Ein neuer und leichter Koffer steht im Schaufenster.

はい。新しくて軽いトランクが 1 つショーウィンドーにあります。

Der neue und leichte Koffer ist preiswert.

その新しくて軽いトランクはお買い得です。

Bringen Sie mir bitte den neuen und leichten Koffer!

その新しくて軽いトランクをどうか私に持ってきてください。

　冠詞が名詞の性・数・格を表すことは、すでに習いました。ドイツ語では形容詞も冠詞と同じように名詞の性・数・格を表します。一見すると頭が混乱しますが、冠詞の格変化を思い出して、パズルを解くような感じで、変化のシステムを理解してみてはどうでしょうか。

1　形容詞の用法　🎧 1-48

述語的用法：　Die Blume ist **schön.**　　　その花は美しい。
付加語的用法：Rosen sind **schöne** Blumen.　　バラは美しい花です。
副詞的用法：　Die Rosen blühen sehr **schön.**　バラの花がとてもきれいに咲いている。

2　形容詞の格変化

　形容詞が名詞の付加語として用いられるとき、名詞の性・数・格に応じて語尾が変化する。
◆ 形容詞の前に冠詞がない場合（**強変化**）：定冠詞（類）とほぼ同じ語尾をとる。

形容詞＋名詞

	男 大きい男	女 美しい女	中 小さい子供	複 親切な人々
1格	groß**er** Mann	schön**e** Frau	klein**es** Kind	nett**e** Leute
2格	groß**en** Mann(e)s	schön**er** Frau	klein**en** Kind(e)s	nett**er** Leute
3格	groß**em** Mann	schön**er** Frau	klein**em** Kind	nett**en** Leuten
4格	groß**en** Mann	schön**e** Frau	klein**es** Kind	nett**e** Leute

※男性・中性単数 2 格の語尾は、定冠詞（類）では **-es** だが、形容詞では **-en** となる。

◆ 形容詞の前に定冠詞（類）がある場合（**弱変化**）：形容詞の語尾は **-en** または **-e** となる。

定冠詞(類)＋形容詞＋名詞

	男 その大きい男	女 その美しい女	中 その小さい子供	複 その親切な人々
1格	der große Mann	die schöne Frau	das kleine Kind	die netten Leute
2格	des großen Mann(e)s	der schönen Frau	des kleinen Kind(e)s	der netten Leute
3格	dem großen Mann	der schönen Frau	dem kleinen Kind	den netten Leuten
4格	den großen Mann	die schöne Frau	das kleine Kind	die netten Leute

※男性1格、女性・中性1・4格で、語尾が **-e** となる以外、すべて **-en** となる。

◆ 形容詞の前に不定冠詞（類）がある場合（**混合変化**）：

不定冠詞(類)＋形容詞＋名詞

	男 1人の大きい男	女 1人の美しい女	中 1人の小さい子供	複 私の親切な人々
1格	ein großer Mann	eine schöne Frau	ein kleines Kind	meine netten Leute
2格	eines großen Mann(e)s	einer schönen Frau	eines kleinen Kind(e)s	meiner netten Leute
3格	einem großen Mann	einer schönen Frau	einem kleinen Kind	meinen netten Leuten
4格	einen großen Mann	eine schöne Frau	ein kleines Kind	meine netten Leute

※男性1格、中性1・4格で強変化となり、それ以外は弱変化となる。

問1 下線部に形容詞の変化語尾を入れなさい。

1) Der groß___ Mann liebt die schön___ Frau.

2) Ein klein___ Kind singt ein deutsch___ Lied.

3) Nett___ Leute geben uns einen groß___ Blumenstrauß.

---

3 形容詞の名詞化

変化語尾を持つ形容詞は、そのまま頭文字を大文字書きにすることによって、名詞となる。これを**形容詞の名詞化**と呼ぶ。
男性形と女性形及び複数形は「人」を表し、中性形は「物・事」を表す。

男 ドイツ人（男）	女 ドイツ人（女）	複 病人・患者たち	中 新しい物・事
Deutscher	Deutsche	Kranke	Neues
der Deutsche	die Deutsche	die Kranken	das Neue
ein Deutscher	eine Deutsche	meine Kranken	etwas Neues

◆ 人を表すとき
   der kranke Mann ⇒ der Kranke   その病人（男性）
   eine kranke Frau ⇒ eine Kranke   一人の病人（女性）
   kranke Leute   ⇒ Kranke   病人たち

◆ 物・事を表すとき
   Steht etwas Neues in der Zeitung?   新聞に何か目新しいことが載っていますか。
   Nein, es steht nichts Besonderes in der Zeitung.
      いいえ、新聞には特に変わったことは何も載っていません。

問2 形容詞を名詞化しなさい。

1) die reiche Frau （その金持ち：女） ⇒

2) ein alter Mann   （一人の老人：男） ⇒

3) arme Leute   （貧しい人々）   ⇒

4 序数詞 🎧 1-49

◆ 1. ～19. までは、原則的に基数の語尾に -t を付け、20. 以上は語尾に -st を付ける。

1. **erst**	7. **sieb(en)t**	13. dreizehnt	19. neunzehnt
2. zweit	8. **acht**	14. vierzehnt	20. zwanzig**st**
3. **dritt**	9. neunt	15. fünfzehnt	21. einundzwanzig**st**
4. viert	10. zehnt	16. **sech**zehnt	100. hundert**st**
5. fünft	11. elft	17. **sieb**zehnt	
6. sechst	12. zwölft	18. achtzehnt	

◆ 序数詞が付加語的に用いられるときは、形容詞と同じように語尾が格変化する。
   der 1. (= erste) Preis   1等賞
   der 2. (= zweite) Weltkrieg   第2次世界大戦
   das 21. (= einundzwanzigste) Jahrhundert   21世紀
   am 10. (= zehnten) April   4月10日に

5 man の用法 🎧 1-50

◆ man は「一般の人」を表し、決して特定の人とは結びつかない。「男・夫」を意味する Mann とは異なるので、この点注意を要する。

◆ man が主語となる文の場合、「人は」と訳すか、主語を省略するか、あるいは受動文に訳すとよい。
   In Österreich spricht man Deutsch.   オーストリアではドイツ語が話される。

1. 下線部分に適当な語尾を入れなさい。

1) Grün__ Salat ist gesund. Dieser grün__ Salat schmeckt aber nicht.

2) Er hat einen groß___ Hund. Der groß___ Hund ist sehr klug.

3) Ich habe eine alt___ Hütte. Meine alt___ Hütte ist leider kaputt.

4) Die Königin wohnt in einem alt___ Schloss an dem schön___ See.

2. 和訳しなさい。

1) Trotz des guten Wetters sitzt er in seinem Zimmer und spielt ein Computerspiel.　(s Computerspiel：コンピューターゲーム)

_____

2) Der Alte macht mit seinem Hund immer einen langen Spaziergang.

_____

3) Im Kino läuft jetzt ein amerikanischer Film der sechziger Jahre.
(sechziger Jahre：60 年代)

_____

4) Herzlichen Glückwunsch zum zwanzigsten Geburtstag!

_____

3. 下線部分に適当な語を入れて、ドイツ語文を作りなさい。

1) その若い騎士（r Ritter）は長く（lang）て鋭い（scharf）剣（s Schwert）を持っている。

Der _____ Ritter hat ein _____ und _____ Schwert.

2) 青い（blau）目（pl. Augen）の（mit ...）一人の若者（r Junge）がその恐ろしい（furchtbar）竜（r Drache）を退治する（besiegen）。

Ein Junge mit _____ Augen _____ den _____ Drachen.

3) 年老いたドイツ人がそのちっぽけな（winzig）島（e Insel）に（auf ...）一人で（allein）住んでいる（leben）。

Ein _____ Deutscher _____ allein auf _____ _____ Insel.

4) 青い空（r Himmel）、緑の大地（s Land）そして新鮮な空気（e Luft）。地球（e Erde）は生きている。

Der _____ Himmel, das _____ Land und die _____ Luft.
Die Erde _____.

🎧
1-52

─ S u c h e   n a c h   d e m   W e g ─

A：Tourist   B：Einwohner

A： Entschuldigen Sie! Ich habe eine Frage.

B： Ja, bitte.

A： Wie komme ich zum Nationaltheater?

B： Das ist ganz einfach.

　　Sie können zu Fuß gehen oder den Bus Nr. 8 nehmen.　　　　　　　5

　　Der fährt direkt zum Nationaltheater.

A： Ich gehe zu Fuß, denn ich habe noch viel Zeit.

B： Gut. Sehen Sie das Gebäude mit dem roten Dach dort in der Ferne?

A： Ja, das sehe ich.

B： Das ist das Rathaus. Bis dorthin sind es zu Fuß etwa fünfzehn Minuten.　10

　　Ist das nicht zu weit für Sie?

A： Nein, natürlich nicht! Ich bin zwar schon ein alter Mann, aber noch ganz

　　fit!

B： Das ist gut. Ich bin auch schon über 70.

　　Ich mache jeden Tag eine Stunde Gymnastik.　　　　　　　　　　　15

　　Bewegung ist gut für die Gesundheit!

A： Sie haben vollkommen recht.

　　Aber wo ist denn nun das Nationaltheater?

B： Gegenüber dem Rathaus ist ein ganz modernes Gebäude mit großen

　　Fenstern. Das ist das Nationaltheater.　　　　　　　　　　　　　20

A： Ich verstehe. Vielen herzlichen Dank!

B： Keine Ursache! Viel Spaß noch!

［注］

5行目　können：話法の助動詞「〜できる」（基礎 B-2 参照）, 　Nr. = Nummer

6行目　der：指示代名詞「それは、そのバスは」（基礎 C-2 参照）

18行目　denn nun：「ところで（いったい）」

基礎 B

Basis - B

比較表現、全文否定と部分否定

例文 1 🎧 2-01

Hunde sind gehorsamer als Katzen. 犬は猫より従順だ。

Katzen sind aber selbstständiger als Hunde.

しかし猫は犬より自立心がある。

Mein Hund ist klüger als meine Kinder.

私の犬は私の子供たちより賢い。

Und meiner Frau gehorcht er am besten.

しかもその犬は妻の言うことを一番よく聞く。

　人や物の特性を語るとき、他と比較することでそれを際立たせることができます。現代社会ではあらゆるものが常に比較の対象となり得ます。その良し悪しは別として、表現方法はぜひ覚えてください。ドイツ語の比較表現はそれほど難しくないかもしれません。

1 形容詞の比較変化

◆ 規則変化

原級		比較級 -er	最上級 -(e)st
klein	小さい	kleiner	kleinst
schön	美しい	schöner	schönst
schnell	速い	schneller	schnellst
billig	安い	billiger	billigst
warm	暖かい	wärmer	wärmst
lang	長い	länger	längst
alt	古い	älter	ältest
jung	若い	jünger	jüngst

> 幹母音が a, o, u のとき、変音します。

> 語末が -d, -t のとき、最上級は -est となります。

◆ 不規則変化

原級		比較級 -er	最上級 -(e)st
gut	良い	besser	best
viel	多い	mehr	meist
groß	大きい	größer	größt
hoch	高い	höher	höchst
nah	近い	näher	nächst

> mehr, höher, nah, näher などの h は発音しません。

原級	比較級	最上級 am −sten
gern 好んで	lieber	am liebsten
bald まもなく	eher	am ehesten

3 比較表現 🎧 2-02

◆ **so** ＋原級＋ **wie** ... 「〜と同じくらい〜だ」
Du bist **so** alt **wie** ich.　　　　君は僕と同じ年齢だ。

◆ 比較級＋ **als** ... 「〜よりも〜だ」
Sie ist ält**er als** wir.　　　　彼女は僕たちより年上だ。

◆ **am −sten** 「一番（最も）〜だ」
Er ist **am** älte**sten** von uns.　　　彼が僕たちの中で一番年上だ。

◆ **der / die / das −ste** （＋名詞）「一番（最も）〜な（人・物・事）」
Er ist **der** fleißig**ste** Schüler in der Klasse.　　　彼はクラスで一番真面目な生徒だ。
Das ist **das** Wichtig**ste**.　　　これが最も重要なことだ。　　＊形容詞の名詞化：基礎 A-7、27-28 頁参照

◆ 副詞の比較級と最上級
Ich trinke **lieber** Weißwein **als** Rotwein.　　　私は赤ワインより白ワインを飲む方が好きだ。
Ich trinke **am liebsten** Bier.　　　私はビールが一番好きだ。

◆ **je** ＋比較級 **, desto** （**umso**）＋比較級 「〜すればするほど、ますます〜」
Je mehr du trinkst, **desto** lustiger wirst du.　　　飲めば飲むほど、君は愉快になる。

◆ 比較級・最上級の絶対的用法
比較する対象をあげないで比較級・最上級を使う用法
　・絶対比較級 「比較的〜、かなり〜」
　　　Er spricht mit einer **älteren** Dame.　　　彼は中年の女性と話をしている。
　・絶対最上級 「極めて〜、非常に〜」
　　　Er ist in **bester** Laune.　　　彼は非常に機嫌がいい。

問 1 指示された語を比較級あるいは最上級にして（　　）に入れ、和訳しなさい。

1) Werner ist (　　　　　) als ich.　　　　　　　　　　< groß >

2) Was trinkst du (　　　　　), Tee oder Kaffee?　　　< gern >

3) Dieser Kaffee schmeckt mir (　　　　　) als die anderen.　　< gut >

4) Claudia singt am (　　　　　) in unserem Chor.　　　< schön >

◆ kein は無冠詞の名詞の前に置かれて（基礎 A-4、16 頁参照）、そのまま全文否定となる。

    Er ist **kein** Schauspieler.   彼は俳優なんかではない。（全文否定）

◆ nicht は、語を否定するとき、その直前に置かれて（基礎 A-4、16 頁参照）全文否定となるが、同時に部分否定にもなり得る。

    Er ist **nicht** fleißig.   彼は勤勉でない。（全文否定）

    Er ist **nicht** fleißig, **sondern** faul.   彼は勤勉ではなく、怠け者だ。（部分否定）

◆ nicht は、動詞を否定するとき、文末に置かれて（基礎 A-4、16 頁参照）全文否定となる。

    Er kommt heute **nicht**.   彼は今日来ない。（全文否定）

    ただし、Er kommt **nicht** heute. では、nicht は動詞を否定しないで直後の **heute** を否定し、「彼は今日は来ない。」という部分否定になる。

◆ 動詞と結合する成句や慣用的表現の場合、nicht は決して文末に来ることはなく、語句の直前に置かれるので、全文否定にも部分否定にもなり得る。

    Heute gehen wir **nicht** ins Kino.   今日私たちは映画を見に行かない。

    Heute gehen wir **nicht** ins Kino, **sondern** wir essen im Restaurant.

        今日私たちは映画を見に行かないで、レストランで食事をします。

※nicht の場合、文末に位置するときを除き、全文否定と部分否定のどちらにもなり得るので、注意を要する。

問 2   指示に従って書き換えなさい。

1) Das Kind geht zur Schule.   ＜否定文に＞

    ⇒ _____

2) Das T-Shirt gefällt mir.   ＜全文否定に＞

    ⇒ _____

3) Ich kaufe diese Jacke.   ＜部分否定に＞

    ⇒ _____ , sondern eine andere.

5   3 格目的語と 4 格目的語の位置 🎧 2-04

◆ 名詞（3 格）＋名詞（4 格）

Helmut schenkt <u>der Mutter</u> einen Blumenstrauß.   ヘルムートは母親に花束を贈る。

◆ 代名詞（3 格）＋名詞（4 格）

Helmut schenkt <u>ihr</u> einen Blumenstrauß.   ヘルムートは彼女に花束を贈る。

◆ 代名詞（4 格）＋名詞（3 格）

Helmut schenkt <u>ihn</u> der Mutter.   ヘルムートはそれを母親に贈る。

◆ 代名詞（4 格）＋代名詞（3 格）

Helmut schenkt <u>ihn ihr.</u>   ヘルムートはそれを彼女に贈る。

1. （　　　）に適当な語を入れなさい。

1) Er ist so groß （　　　） ich.　　彼は私と同じくらいの身長だ。

2) Sie ist jünger （　　　） du.　　彼女は君より若い。

3) Er ist （　　　） reichste Mann auf der Welt.　　彼は世界一の富豪だ。

4) Sie ist （　　　） bekannteste Komponistin in Japan.

　　　　　　　　　　　　　　　　　彼女は日本で最も有名な作曲家だ。

2. 和訳しなさい。

1) Russisch ist so schwer wie Deutsch.

　　_____

2) Essen Sie lieber Brot als Reis?

　　_____

3) Sie ist die beste Schülerin der Klasse.

　　_____

4) Er schenkt mir keine Schokolade.

　　_____

3. 下線部に適当な語を入れて、ドイツ語文を作りなさい。

1) 私たちの先生（r Lehrer）は私の父と同い年（alt）だ。（so ... wie ...）

　　_____ Lehrer _____ so _____ wie _____ Vater.

2) この部屋（s Zimmer）は暗い（dunkel）。私の部屋はもっと暗い（dunkel の比較級）。

　　_____ Zimmer _____ dunkel. _____ Zimmer _____ noch _____.

3) 君たちの中で（von ...）誰が一番走る（laufen）のが速い（schnell の最上級）ですか。

　　Wer _____ am _____ von _____ ?

4) 彼女はそのスカート（r Rock）ではなく、そのドレス（s Kleid）を買う（kaufen）。

　　（nicht ..., sondern ...）

　　Sie _____ nicht _____ Rock, _____ _____ Kleid.

話法の助動詞、未来形

例文 1

Er will sie heiraten.	彼は彼女と結婚するつもりよ。
― **Das kann nicht wahr sein!**	そんなことはあり得ないわ。
Er möchte eine Frau mit langen Haaren heiraten.	
	彼は長い髪の女性と結婚したいのよ。
Wer soll es denn sein?	一体それは誰なの。
― **Das kann ich sein, aber nicht du!**	
	それは私かもしれないけど、あなたじゃないわ。

　「～だ」という断定的な表現ではなく、話者の気持ちや判断など主観的な表現にしばしば用いられるのが、話法の助動詞です。微妙なニュアンスを伝えることができますので、ぜひ覚えてください。

1 話法の助動詞

können：～できる、～であり得る　　müssen：～せねばならない、～にちがいない
dürfen：～してもよい　　wollen：～するつもりだ、～したい　　sollen：～すべきだ、～という話だ
mögen：～かもしれない　　möchte ～したい（mögen の接続法第 2 式の形）

基礎 C-3（69 頁）参照

話法の助動詞の人称変化

	können	müssen	dürfen	wollen	sollen	mögen	möchte
ich	kann	muss	darf	will	soll	mag	möchte
du	kannst	musst	darfst	willst	sollst	magst	möchtest
er	kann	muss	darf	will	soll	mag	möchte
wir	können	müssen	dürfen	wollen	sollen	mögen	möchten
ihr	könnt	müsst	dürft	wollt	sollt	mögt	möchtet
sie/Sie	können	müssen	dürfen	wollen	sollen	mögen	möchten

単数形（ich, du, er）で幹母音が変化する場合があるので、気を付けましょう。

話法の助動詞は不定詞と共に用いられ、不定詞は文末に位置する。

話法の助動詞と不定詞とで**枠構造**を形成する。

Er **kann** Deutsch *sprechen*.　　　彼はドイツ語を話すことができる。

話法の助動詞（定動詞）　　　不定詞

└─────**枠構造**─────┘

Das **muss** die Wahrheit *sein*.　　　これが真実にちがいない。

Darf ich Sie kurz *stören*?　　　ちょっとお邪魔してもかまいませんか。

Man **darf** hier nicht *rauchen*.　　　ここではタバコを吸ってはいけません。

Das **mag** *sein*.　　　そうかもしれない。

Ich **will** unbedingt Astronaut *werden*.　　　私はどうしても宇宙飛行士になるつもりだ。

Der Mann **soll** der wahre Täter *sein*.　　　その男が真犯人だという噂だ。

◆ 話法の助動詞の独立用法：本動詞

Er **kann** Deutsch.　　　彼はドイツ語ができる。

Sie **mag** dich.　　　彼女は君が好きだ。

問 1　訳を参照して、（　　）に適当な話法の助動詞を入れなさい。

1) Ich（　　）heute die Fenster putzen.　　　私は今日、窓ふきをしなければなりません。

2) （　　）du mir helfen?　　　手伝ってくれますか。

3) Leider（　　）ich dir nicht helfen.　　　残念ながら、お手伝いできません。

4) Heute（　　）ich ins Konzert gehen.　　　今日は、コンサートに行きたいのです。

例文 2　　　　　　　　　　　　　　　　　　　　　　　　　　🎧 2-08

Ich werde morgen mit ihr ins Kino gehen.

僕は明日彼女と映画を見に行くつもりだ。

— **Sie wird wohl nicht gehen.**　　　たぶん彼女は行かないでしょう。

Ihr geht es nicht gut.　　　彼女は体調が良くないの。

Was soll ich denn tun?　　　僕は一体どうすりゃいいんだ。

— **Du wirst mit mir ins Kino gehen.**

あなたは私と映画を見に行くのよ。

　「〜でしょう」という表現は本来不確かなことを表す言い方です。ドイツ語の未来形の場合、主語の人称によっては未来とは違った意味を持つことがあります。「未来形」という言い方に惑わされないように、形式と意味の違いに気を付けましょう。

| werden | + … + | 不定詞 |

助動詞 **werden** は主語の人称に応じて人称変化し、**定動詞**となる。
助動詞 **werden** は必ず不定詞を伴う。不定詞は文末に位置し、**枠構造**を形成する。

◆ 主語が 3 人称のとき、「～でしょう」という**推量**の意味となる。

<u>Er</u> **wird** wohl krank *sein*.　　おそらく彼は病気でしょう。

┗━━━━ 枠構造 ━━━━┛

◆ 主語が 1 人称のとき、「～するつもりだ、～します」という話者の**意志・約束**が表される。

<u>Ich</u> **werde** das nie wieder *machen*.　　そんなことは二度としません。

◆ 主語が 2 人称のとき、**強い要求・命令**の意味となる。

<u>Du</u> **wirst** mir in der Küche *helfen*.　　台所で私の手伝いをするのですよ。

問 2　次の未来形は、①推量、②意志・約束、③強い要求・命令のいずれの意味になるのか、当てはまる番号を（　　）に入れなさい。

1) （　　　　） Morgen wird es wieder regnen.

2) （　　　　） Du wirst heute die Hausaufgaben machen.　（e Hausaufgabe：宿題）

3) （　　　　） Ich werde zwei Jahre in Deutschland studieren.

4 否定疑問文 2-10

決定疑問文

Liebst du mich?　　　　　　私を愛してる？
— Ja, ich liebe dich.　　　　はい、愛してます。
— Nein, ich liebe dich nicht.　いいえ、愛してません。

否定疑問文

Liebst du mich nicht?　　　私を愛していないの？
— **Doch**, ich liebe dich.　　いいえ、愛してます。
— Nein, ich liebe dich nicht.　はい、愛してません。

◆ 否定疑問文に対し肯定文で答えるときは、**Doch** を用いる。

◆ 否定疑問文に対し、答えが否定文になるときは、**Nein** を用いる。

> doch は否定を打ち消して、「そんなことはない」の意味をもつ。

問 3　（　　）に、Ja, Doch, Nein のいずれかを入れなさい。

1) Ist sie deine Freundin? — （　　　　）, sie ist meine Freundin.

2) Kennst du mich nicht? — （　　　　）, ich kenne dich.

3) Arbeitest du nicht fleißig? — （　　　　）, ich arbeite nicht fleißig.

1. 指示された話法の助動詞を適当に人称変化させて、（　　）に入れなさい。

1) Ich （　　） an Silvester nach Rom fahren. 　　< wollen >

2) （　　） man hier parken? 　　< dürfen >

3) In München （　　） du die Museen besuchen. 　< müssen >

4) Wir （　　） einen Ausflug machen. 　　< möchte >

2. 和訳しなさい。

1) Wegen ihrer Krankheit darf sie nicht arbeiten.

　　_____

2) Er kann schon arbeiten. Aber er will nicht arbeiten.

　　_____

3) Ab morgen soll ich eine Diät machen.

　　_____

4) Lukas, du wirst jetzt gleich ins Bett gehen.

　　_____

3. 下線部に適当な語を入れて、ドイツ語文を作りなさい。

1) 彼は休まないで（ohne ...）10 キロ（Kilometer）泳ぐ（schwimmen）ことができる。

　　Er _____ ohne _____ zehn _____ _____.

2) 18 歳未満（unter ...）は、アルコール飲料（r Alkohol）を飲んではいけない。
　　< man を主語に>

　　Unter _____ Jahren _____ man _____ Alkohol _____.

3) あなた（敬称）はその女子大生（e Studentin）を知らないのですか。
　　— いいえ、知っています。

　　_____ Sie die Studentin _____?

　　— _____, ich kenne _____.

4) 私は必ず（bestimmt）あなたを幸せに（glücklich）します（machen）。<未来形で>

　　Ich _____ Sie bestimmt _____ _____.

動詞の3基本形、過去形、現在分詞・過去分詞

例文 1

Damals war ich 26 Jahre alt.	当時私は26才だった。
Ich war noch jung und die Firma war klein.	
	私はまだ若く、会社は小さかった。
Ich arbeitete Tag und Nacht.	私は昼も夜も働いた。
Die Firma wurde groß. Ich war aber schon 80.	
	会社は大きくなったが、私はもう80才だ。
Das Leben ist kurz.	人生は短い。

　時の流れは現在・過去・未来で表されます。文法上では現在形・過去形・未来形に加えて完了形という時制があります。時制は単なる時の表現だけでなく、文体的な特徴を持っています。この文体という視点でドイツ語の時制をとらえてみてください。

 1 動詞の3基本形

不定詞・過去基本形・過去分詞の3つの形を**動詞の3基本形**という。

◆ **規則動詞**

不定詞	過去基本形	過去分詞
語幹＋ en	語幹＋(e)te	ge＋語幹＋(e)t
lernen	lernte	gelernt
spielen	spielte	gespielt
arbeiten	arbeitete	gearbeitet

　※ –ieren で終わる動詞の過去分詞には ge が付かない。

studieren – studierte – studiert

◆ **不規則動詞**

不定詞	過去基本形	過去分詞
gehen	ging	gegangen
kommen	kam	gekommen
kennen	kannte	gekannt
wissen	wusste	gewusst

◆ **重要動詞**

不定詞	過去基本形	過去分詞
sein	war	gewesen
haben	hatte	gehabt
werden	wurde	geworden

> werden が受動の助動詞のとき、過去分詞は worden となる。

◆ 話法の助動詞

不定詞	過去基本形	過去分詞
können	konnte	können
müssen	musste	müssen

※話法の助動詞の過去分詞は、不定詞と同形。
※話法の助動詞が本動詞として用いられるときの 3 基本形は次の通り：

können — konnte — gekonnt

問 1 次の動詞（不定詞）の過去基本形と過去分詞を書きなさい。

1) wohnen　　住む　（過去基本形）＿＿＿＿＿＿＿　（過去分詞）＿＿＿＿＿＿＿

2) geben　　与える　（過去基本形）＿＿＿＿＿＿＿　（過去分詞）＿＿＿＿＿＿＿

3) trinken　　飲む　（過去基本形）＿＿＿＿＿＿＿　（過去分詞）＿＿＿＿＿＿＿

2 過去人称変化  2-13

動詞・助動詞の過去人称変化

ich	-	lernte	kam	war	hatte	wurde	konnte
du	-st	lerntest	kamst	warst	hattest	wurdest	konntest
er	-	lernte	kam	war	hatte	wurde	konnte
wir	-(e)n	lernten	kamen	waren	hatten	wurden	konnten
ihr	-t	lerntet	kamt	wart	hattet	wurdet	konntet
sie/Sie	-(e)n	lernten	kamen	waren	hatten	wurden	konnten

　ドイツ語の日常会話では、過去の事柄には現在完了形が用いられる。ドイツ語の過去形は、過去の事柄を現在とは切り離して、客観的事実としてとらえる時制であり、物語調・報告調の文体になる。ただし例外的に sein や haben などは日常会話でも過去形で用いられる。

[物語調] Es **war** einmal ein König.　　　　　　　　むかし一人の王様がいました。

[報告調] Der Zweite Weltkrieg **endete** im Jahr 1945.　第 2 次世界大戦は 1945 年に終結した。

問 2 次の動詞（不定詞）を過去形にして、人称変化させなさい。

1) leben　　生きている　（過去基本形）＿＿＿＿＿＿＿　人称変化：

2) bleiben　　とどまる　（過去基本形）＿＿＿＿＿＿＿　人称変化：

3) sprechen　　話す　（過去基本形）＿＿＿＿＿＿＿　人称変化：

3 現在分詞

| 不定詞 + -d |　　　　例： **singen** ＋ **-d** ＞ **singend**

◆ 現在分詞は、「～している…」という意味を示す。

◆ 現在分詞は、形容詞と同じように付加語的に用いられて、名詞の前に位置する。
語尾変化は、形容詞のときと全く同じである。

    der **singende** Mann　　　その歌っている男性

    ein **spielendes** Kind　　　　一人の遊んでいる子供

◆ 現在分詞は、形容詞と同じように名詞化されることがある。

    ein **reisender** Mann　>　ein **Reisender**　　　ひとりの旅行者（男性）

    die **reisende** Frau　>　die **Reisende**　　　その旅行者（女性）

◆ 副詞として用いられ、分詞構文を形成することがある。

    Sie kam **lächelnd** zu mir.　　　　　　彼女は微笑みながら私の所へやってきた。

    Ein Lied **singend** ging er zur Schule.　　　歌を歌いながら彼は学校へ行った。

4　過去分詞

◆ 過去分詞は、動詞の 3 基本形のひとつである。

    singen（不定詞）– sang（過去基本形）– gesungen（過去分詞）

◆ 過去分詞は、動作あるいは受動の完了や状態「～された、～されている、～した」を表す。

◆ 過去分詞の用法は、現在分詞の場合と同様、名詞の前に位置して付加語的に用いられる。

    das **geschnittene** Brot　　　その切り分けられたパン

    ein **gekochtes** Ei　　　　　1 個のゆで卵

◆ 過去分詞は、現在分詞の場合と同様、名詞化されることがある。

    ein **verletzter** Mann > ein **Verletzter**　　ひとりの負傷者（男性）

    die **verletzte** Frau > die **Verletzte**　　　その負傷者（女性）

◆ 副詞として用いられ、分詞構文を形成することがある。

    Die Augen **geschlossen** dachte er an sie.　　目を閉じて、彼は彼女のことを考えた。

◆ 熟語的用法

    offen gesagt　　　　　率直に言えば

    kurz gesagt　　　　　手短に言えば

    wie schon gesagt　　すでに述べたとおり

    im Grunde genommen　　根本において

問 3　次の動詞（不定詞）の現在分詞と過去分詞を書きなさい。

1) weinen　　泣く　　（現在分詞）＿＿＿＿＿＿＿　（過去分詞）＿＿＿＿＿＿＿＿＿

2) laufen　　走る　　（現在分詞）＿＿＿＿＿＿＿　（過去分詞）＿＿＿＿＿＿＿＿＿

3) schreiben　書く　　（現在分詞）＿＿＿＿＿＿＿　（過去分詞）＿＿＿＿＿＿＿＿＿

1. 下線部の動詞あるいは助動詞を過去形にして、書き換えなさい。

1) Ludwig der Zweite <u>ist</u> der König von Bayern.

⇒ _____

2) Ich <u>habe</u> starke Kopfschmerzen.

⇒ _____

3) In der Residenz <u>gibt</u> es viele Schlafzimmer.

⇒ _____

4) Eigentlich <u>will</u> ich diese Arbeit allein tun.

⇒ _____

2. 和訳しなさい。

1) Ein verwundeter Soldat lag auf dem Bett.

_____

2) Der Betrunkene war ein bekannter Maler.

_____

3) Ein kleines Kind suchte weinend seine Mutter.

_____

4) Seine Äußerung war, offen gesagt, eine Lüge.

_____

3. 下線部に適当な語を入れて、ドイツ語文を作りなさい。

1) むかし（einmal）一人の美しい（schön）女王（e Königin）がいました。

Es _____ _____ eine _____ Königin.

2) 去年（letztes Jahr）多くの観光客（pl. Touristen）がこの島（e Insel）を訪れ（besuchen）た。

Letztes Jahr _____ _____ Touristen _____ Insel.

3) 午後（nachmittags）、私は次の（nächst）仕事（e Aufgabe）に取りかから（mit ... beginnen）ねばならなかった。

Nachmittags _____ ich mit der _____ Aufgabe _____.

4) あれは寒い（kalt）日（r Tag）だった。外は（draußen）雪（r Schnee）で（von ...）真白（alles weiß）だった。

Es _____ ein _____ Tag. Draußen _____ alles weiß _____ Schnee.

現在完了形、過去完了形、未来完了形

例文 1

2-15

Was haben Sie gestern gemacht?	昨日は何をしましたか。
— **Gestern bin ich zu Hause geblieben.**	昨日は家にいました。
Und was haben Sie gemacht?	あなたは何をしましたか。
Ich bin gestern mit meiner Frau ins Kino gegangen.	

私は昨日、妻と映画を見に行きました。

　ドイツ語の日常会話では、例えば「昨日～した」という過去の事柄は現在完了形で表現します。過去という時間の概念を、現在完了形という時制で表すことになります。ドイツ語の過去形が報告調・物語調であるのに対し、現在完了形は口語体という文体的特徴を持っています。ここでも時制を文体とリンクしてとらえてみてください。

1 現在完了形  2-16

$$\boxed{\text{haben / sein}} + ... + \boxed{\text{過去分詞}}$$

< lernen >

ich **habe** ... **gelernt**	wir **haben** ... **gelernt**
du **hast** ... **gelernt**	ihr **habt** ... **gelernt**
er **hat** ... **gelernt**	sie **haben** ... **gelernt**

< fahren >

ich **bin** ... **gefahren**	wir **sind** ... **gefahren**
du **bist** ... **gefahren**	ihr **seid** ... **gefahren**
er **ist** ... **gefahren**	sie **sind** ... **gefahren**

◆完了の助動詞 haben と sein は人称変化し、定動詞となる。
　過去分詞は文末に位置し、定動詞の haben または sein と共に**枠構造**を形成する。

　　Wir |haben| zwei Jahre Deutsch |gelernt| .　　私たちは 2 年間ドイツ語を学びました。
　　　　　└─────── 枠構造 ───────┘

　　Ich |bin| letztes Jahr nach Finnland |gefahren| .　　私は去年フィンランドへ行きました。
　　　　　└─────── 枠構造 ───────┘

◆ ドイツ語の現在完了形は、事柄の完了・終了だけでなく、一般に過去の事柄を表し、日常語の口語体として用いられる。

◆ 完了の助動詞 haben と sein の使い分け：
・全ての他動詞と多くの自動詞は、完了の助動詞として haben をとる。(**haben 支配**)
・自動詞の中でも次のような場合、完了の助動詞として sein をとる。(**sein 支配**)

      場所の移動を表す動詞：gehen 行く, kommen 来る,

                          fahren（乗り物に乗って）行く, laufen 走る・歩く

      状態の変化を表す動詞：werden 〜になる, sterben 死ぬ

      その他：sein 〜である, bleiben とどまる

問 1 下線部に適当な完了の助動詞を入れて、時制を現在完了形にしなさい。

1) Was ＿＿ Sie im Restaurant gegessen?　　　あなたはレストランで何を食べましたか。

2) Wann ＿＿ Sie nach Japan gekommen?　　　あなたはいつ日本に来ましたか。

3) Warum ＿＿ du so etwas getan?　　　なぜ君はそのようなことをしたのですか。

2 過去完了形 🎧 2-17

$$\boxed{\text{hatte / war}} + ... + \boxed{\text{過去分詞}}$$

< arbeiten >

ich **hatte** ... **gearbeitet**	wir **hatten** ... **gearbeitet**
du **hattest** ... **gearbeitet**	ihr **hattet** ... **gearbeitet**
er **hatte** ... **gearbeitet**	sie **hatten** ... **gearbeitet**

< kommen >

ich **war** ... **gekommen**	wir **waren** ... **gekommen**
du **warst** ... **gekommen**	ihr **wart** ... **gekommen**
er **war** ... **gekommen**	sie **waren** ... **gekommen**

◆ 過去完了形は過去のある時点までに完了した事柄を表す。

Damals **hatte** er schon einige Symphonien **komponiert**.

    当時彼はすでにいくつかの交響曲を作曲していた。

問 2 下線部に適当な完了の助動詞を入れて、時制を過去完了形にしなさい。

1) Die Katze ＿＿ den Fisch gefressen.　　　そのネコが魚を食べてしまった。

2) Zur Party ＿＿ viele Gäste gekommen.　　　パーティーには多くの客が来ました。

3 未来完了形 🎧 2-18

$$\boxed{\text{werden}} + ... + \boxed{\text{完了の不定詞}}$$

◆ 過去分詞と完了の助動詞 haben / sein（不定詞形）の組み合わせを「**完了の不定詞**」と呼ぶ。

< machen >

ich **werde** ... **gemacht haben**	wir **werden** ... **gemacht haben**
du **wirst** ... **gemacht haben**	ihr **werdet** ... **gemacht haben**
er **wird** ... **gemacht haben**	sie **werden** ... **gemacht haben**

< gehen >

ich **werde** ... **gegangen sein**	wir **werden** ... **gegangen sein**
du **wirst** ... **gegangen sein**	ihr **werdet** ... **gegangen sein**
er **wird** ... **gegangen sein**	sie **werden** ... **gegangen sein**

◆ 未来完了形は、未来のある時点で行為あるいは出来事が完了することを表す。
　　Morgen um 8 Uhr **wird** das Flugzeug schon **gelandet sein**.
　　　明日の８時にはもう（きっと）飛行機は着陸して（しまって）いるでしょう。

◆ 未来完了形は、過去の事柄の推量を表すこともある。
　　Er **wird** schon für uns das Hotel **reserviert haben**.
　　　彼はすでに私たちのためにホテルを予約して（しまって）いるでしょう。

◆ 未来完了形は現代ドイツ語の日常会話では他の時制によって簡略化され、あまり用いられない
　傾向にある。
　　In zehn Jahren **wirst** du längst Arzt **geworden sein**.
　　　10 年後には君はもう医者になっているでしょう。
　⇒ In zehn Jahren **bist** du längst Arzt. / In zehn Jahren **wirst** du längst Arzt **sein**.
　　Er **wird** wohl den letzten Zug **verpasst haben**.
　　　彼はおそらく最終列車に乗り遅れたのでしょう。
　⇒ Er **hat** wohl den letzten Zug **verpasst**.

4 話法の助動詞の完了形 🎧 2-19

< sprechen >

ich **habe** ... **sprechen können**	wir **haben** ... **sprechen können**
du **hast** ... **sprechen können**	ihr **habt** ... **sprechen können**
er **hat** ... **sprechen können**	sie **haben** ... **sprechen können**

話法の助動詞の過去分詞は不定詞と同形である。＊基礎 B-3、41 頁参照
助動詞が本動詞として単独で用いられる場合、過去分詞は **ge—t** の形になる。
　　　können — konnte — gekonnt
　　　müssen — musste — gemusst
　　Er **hat** Russisch sprechen **können**.　　彼はロシア語を話すことができた。
　　Er **hat** Russisch **gekonnt**.　　彼はロシア語ができた。

1. 動詞（過去形）を現在完了形にして、全文書き換えなさい。

1) Wir arbeiteten jeden Tag acht Stunden.

⇒ _____

2) Ich ging am Wochenende ins Kino.

⇒ _____

3) Er trank im Sommer manchmal Eiskaffee. （Eiskaffee：コーヒーフロート）

⇒ _____

4) Mein Verwandter kam plötzlich zu mir.

⇒ _____

2. 和訳しなさい。

1) Wir haben mit dem Bus eine Stadtrundfahrt gemacht.

_____

2) Die Gäste sind während des Gewitters im Hotel geblieben.

_____

3) Ich war müde. Ich hatte in der letzten Nacht nur zwei Stunden geschlafen.

_____

4) Er war nicht da. Er wird wohl unsere Verabredung vergessen haben.

_____

3. 時制はすべて現在完了形にして、ドイツ語文を作りなさい。

1) 私の両親には何も（nichts）起こら（passieren）なかった（無事だった）。

Es _____ _____ Eltern _____ _____.

2) 私の父はベルリン（Berlin）に（in ...）3 年間住んで（wohnen）いた。

Mein Vater _____ _____ Jahre _____ Berlin _____.

3) 彼はオートバイ（s Motorrad）で（mit ...）ハイデルベルク（Heidelberg）へ（nach ...）行った。

Er _____ mit _____ Motorrad _____ Heidelberg _____.

4) 私はその喫茶店（s Café）で（in ...）昔の（alt）友人に出会い（treffen）ました。

Ich _____ in _____ Café einen _____ Freund _____.

分離動詞・非分離動詞、zu 不定詞句

例文 1

Der Zug nach Berlin fährt um 7.01 Uhr ab.	ベルリン行の列車は 7 時 1 分に出発します。
Und der Zug kommt um 8.48 Uhr in Berlin an.	そして列車は 8 時 48 分にベルリンに到着します。
Wir müssen morgen um 5 Uhr aufstehen.	私たちは明日 5 時に起きなければなりません。
Sonst verpassen wir den Zug.	さもなければ私たちは列車に乗り遅れます。

ドイツ語の動詞は単に語尾が変化するだけでなく、動詞の前綴りが分離して文末に来るという想定外の変化をすることがあります。今までに習ったことのない文法事項ですが、ドイツ語の文構造にみられる大きな特徴の一つですので、きちんと整理して覚えましょう。

1 分離動詞

◆ 前綴りと基礎動詞が分離する動詞を**分離動詞**と呼ぶ。
辞書の記載方法： auf｜machen 開く、開ける ← 便宜上前綴りと基礎動詞で仕切られています。
前綴り　　基礎動詞

◆ 分離動詞の前綴りには、常に強アクセントが置かれる。

分離動詞の 3 基本形

不定詞	過去基本形	過去分詞
auf stehen 起きる	stand ... auf	auf gestanden
vor stellen 紹介する	stellte ... vor	vor gestellt
zurück kommen 戻る	kam ... zurück	zurück gekommen

・過去基本形で前綴りが分離する。
・過去分詞では、基礎動詞の過去分詞形の前に前綴りがくる。

◆ 以下の用例では、定動詞と文末の定動詞要素とで枠構造が形成されている。
＜平叙文＞

（現在形）	Er **steht** morgen um 6 Uhr **auf**. └─枠構造─┘	彼は明日 6 時に起きる。
（過去形）	Er **stand** jeden Tag früh **auf**. └─枠構造─┘	彼は毎日早起きをした。
（未来形）	Er **wird** ab morgen früh **aufstehen**. └─枠構造─┘	彼は明日から早起きをするだろう。
（現在完了形）	Er **ist** gestern spät **aufgestanden**. └─枠構造─┘	彼は昨日寝坊した。

＜命令文＞
Stehen Sie früh **auf**!　　　　　　　　　　早起きしなさい。
＜助動詞構文＞
Du **musst** morgen früh **aufstehen**.　　君は明日早起きしなければならない。

問 1　動詞を適当に変化させて、（　　）に入れなさい。

1) Wir（　　　　　）im Supermarkt（　　　　　　）.　　　[einkaufen]　　＜現在形＞

2) Er（　　　　）mich am Bahnhof（　　　　）.　　　　[abholen]　　＜過去形＞

3) Ich habe dich mehrmals（　　　　　）.　　　　　　[anrufen]　　＜現在完了形＞

4) （　　　　　）bitte das Fenster（　　　　　）!　　　[zumachen]　　＜ du に対する命令＞

2　非分離動詞　🎧 2-23

◆ 前綴りと基礎動詞が決して離れることのない動詞を**非分離動詞**と呼ぶ。

◆ 非分離動詞の前綴りには、決して強アクセントが置かれない。

◆ 非分離の前綴り：be-, emp-, ent-, er-, ge-, ver-, zer- , (miss-)

非分離動詞の 3 基本形

不定詞	過去基本形	過去分詞
be kommen　得る	be kam	be kommen
er kennen　認識する	er kannte	er kannt
ver stehen　理解する	ver stand	ver standen

◆ 過去分詞には、決して ge- が付かない。
　　Er hat drei Tage Urlaub **bekommen**.　　彼は 3 日間の休暇をもらった。
　　※ **Er ist** um 10 Uhr zu mir **gekommen**.　　彼は 10 時に私の所へやってきた。

　　　　　　　　　　　　　　　　　　　　　　　アクセントの
　　　　　　　　　　　　　　　　　　　　　　　位置で区別し
　　　　　　　　　　　　　　　　　　　　　　　ましょう。

◆ わずかだが分離動詞にも非分離動詞にもなる動詞がある。
　　非分離動詞：übersétzen 翻訳する　　（過去基本形）übersétzte　（過去分詞）übersétzt
　　分離動詞：übersetzen（対岸へ）渡す　（過去基本形）setzte...über　（過去分詞）übergesetzt

問 2　動詞を適当に変化させて、（　　）に入れなさい。

1) Diese Krawatte（　　　　　）mir gut.　　　　　　[gefallen]　　＜現在形＞

2) Kolumbus（　　　　　）einen neuen Kontinent.　　[entdecken]　　＜過去形＞

3) Er hat das Buch ins Deutsche（　　　　　）.　　　[übersetzen]　　＜現在完了形＞

4) （　　　　　）mir bitte ein deutsches Märchen!　　[erzählen]　　＜ du に対する命令＞

例文 2

Es war sein Traum, wie ein Vogel zu fliegen.

鳥のように飛ぶことが彼の夢だった。

Er baute einen Ballon, um über die Wolken hinzufahren.

彼は雲の向こうへ行くために気球を作った。

悩ましい分離動詞とは異なり、日本語の語順とほとんど変わらないのが、**zu** 不定詞句の構造です。例えば「今日大学でドイツ語を学ぶこと」などは、そのままドイツ語に置き換えることができます。ちょっとは嬉しい気分になりませんか。

3 zu 不定詞句 2-25

... **zu** + 不定詞　　（例）am Sonntag Fußball **zu** spielen　日曜日にサッカーをすること
jeden Tag früh auf**zu**stehen　毎日早起きすること

zu 不定詞は常に最後に置かれるので、zu 不定詞句の語順は日本語とほぼ同じである。

◆ 名詞的用法：主語や目的語となる。

Mein Traum ist Politiker **zu** werden.　私の夢は政治家になることです。
Schauspieler **zu** werden ist sein Traum.　俳優になることが彼の夢です。
Es ist schwierig, die Frage **zu** beantworten.　その質問に答えるのは難しい。
※ es は文法上の仮主語、意味上の主語は zu 不定詞句。
Vergiss nicht, den Regenschirm mit**zu**nehmen!　雨傘を持っていくのを忘れないで。

◆ 形容詞的用法：名詞を修飾する。

Hast du Lust, im Sommer nach Deutschland **zu** fahren?　夏にドイツへ行く気があるかい。
Er hatte den Wunsch, wieder gesund **zu** werden.　彼は再び元気になるという願いがあった。

◆ 副詞的用法：

Sie besucht die Sprachschule, **um** Japanisch **zu** lernen.　「〜するために」
彼女は日本語を学ぶために、語学学校に通っている。
Ich kaufte die Bücher, **statt** im Restaurant **zu** essen.　「〜する代わりに」
私はレストランで食事をする代わりに、本を買った。
Er stieg in den Zug ein, **ohne** eine Fahrkarte **zu** kaufen.　「〜することなく」
彼は乗車券を買わずに、列車に乗った。

◆ 熟語的用法：

sein + zu 不定詞　「〜され得る、〜されねばならない」
Das Problem **ist** leicht **zu** lösen.　その問題は容易に解決できる。
haben + zu 不定詞　「〜しなければならない」
Wir **haben** das Zimmer auf**zu**räumen.　私たちは部屋を片付けねばならない。

問 3 （　）に適当な語を入れなさい。

1) Es ist wichtig, Fremdsprachen （　） lernen.

2) Georg hat den Wunsch, Künstler （　） werden.

2-26

1. 分離動詞を適当に現在人称変化させて、（　）に入れなさい。

1) Das Konzert （　　　　） heute Abend （　　　　）.　　　[stattfinden]

2) Er （　　　） mir seine Freundin （　　　）.　　　[vorstellen]

3) （　　　） du an dem Seminar （　　　）?　　　[teilnehmen]

4) Ich （　　　） am Hauptbahnhof （　　　）.　　　[aussteigen]

2. 和訳しなさい。

1) Maria ist plötzlich weggefahren.

　＿＿＿＿＿＿＿＿＿＿＿＿＿＿＿＿＿＿＿＿＿＿＿＿＿＿

2) Matthias ist ihr gleich nachgefahren.

　＿＿＿＿＿＿＿＿＿＿＿＿＿＿＿＿＿＿＿＿＿＿＿＿＿＿

3) Maria hat ihm den Irrtum verziehen.

　＿＿＿＿＿＿＿＿＿＿＿＿＿＿＿＿＿＿＿＿＿＿＿＿＿＿

4) Matthias ist bald mit ihr zurückgekommen.

　＿＿＿＿＿＿＿＿＿＿＿＿＿＿＿＿＿＿＿＿＿＿＿＿＿＿

3. 下線部に適当な語を入れて、ドイツ語文を作りなさい。

1) 私の夢（r Traum）は女性宇宙飛行士（e Astronautin：無冠詞）になる（werden）ことです。

　Mein Traum ＿＿＿＿ Astronautin ＿＿＿＿ ＿＿＿＿.

2) いつも（immer）遅刻する（zu spät kommen）ことは、ここではよくあること（üblich）だ。

　Es ＿＿＿＿ hier ＿＿＿＿, immer zu spät ＿＿＿＿ ＿＿＿＿.

3) 今日は（heute）する（tun）ことがとても（sehr）たくさん（viel）ある（haben）。

　Heute ＿＿＿＿ ich sehr ＿＿＿＿ ＿＿＿＿ tun.

4) 自分の部屋（s Zimmer）を片付ける（aufräumen）ことを忘れ（vergessen）ないで。

　Vergiss bitte ＿＿＿＿, dein ＿＿＿＿ ＿＿＿＿!

 # 再帰動詞、従属接続詞

例文 1 2-27

Sie sehen sehr schlecht aus. あなたは顔色がとても悪い。

Haben Sie sich erkältet? 風邪をひいたのですか。

― **Nein. Ich kann mich nicht auf meine Arbeit**

konzentrieren. いいえ。仕事に専念することができないのです。

Setzen Sie sich bitte! Ich höre Ihnen zu.

どうかお座り下さい。　私が話を聞きます。

「あなたの訪問が私を喜ばせた」などと言う日本人はおそらくいないでしょう。「訪ねてくれて私はうれしい」などと言うのが一般的です。しかしドイツ語では前者のような無生物を主語とする他動詞的表現はごく普通に使われます。逆に後者の自動詞的表現は、他動詞を再帰動詞に変えることで作ることが出来ます。しっかり覚えて、十分に慣れる必要があります。

1　再帰代名詞 2-28

主語と同一の人称を受ける代名詞で、「自分自身」「それ自身」を意味する。1 人称と 2 人称の再帰代名詞は人称代名詞で代用されるが、3 人称はすべて **sich** となる。2 人称敬称の Sie は 3 人称複数 sie から転じたものなので、再帰代名詞は **sich** となる。

主語	ich	du	er/sie/es	wir	ihr	sie/Sie
3格	**mir**	**dir**	sich	**uns**	**euch**	sich
4格	**mich**	**dich**	sich	**uns**	**euch**	sich

3 格・4 格目的語と再帰代名詞の違い：
　　Er hilft dir. 彼は君の手助けをする。⇔ **Er hilft sich** [selbst]. 彼は彼自身でなんとかする。
　　Ich wasche den Teller. 私は皿を洗う。⇔ **Ich wasche mich.** 私は自分の体を洗う。

2　再帰動詞 2-29

再帰代名詞と共に用いられる動詞を**再帰動詞**と言う。再帰代名詞によって他動詞が自動詞的な意味に変化する。

他動詞		再帰動詞	
setzen	置く、座らせる	sich setzen	座る
ändern	変える	sich ändern	変わる
freuen	喜ばす	sich freuen	喜ぶ

| erinnern | 思い出させる | sich erinnern | 思い出す、覚えている |
| interessieren | 興味をもたせる | sich interessieren | 興味をもつ |

他動詞： Ich **setze** das Kind auf den Stuhl. 私はその子を椅子に座らせる。
再帰動詞： Ich **setze mich** auf den Stuhl. 私は椅子に座る。
※再帰動詞と共に用いられる再帰代名詞は、その多くが4格である。
※3格の再帰代名詞を伴う動詞もあるが、その数は少ない。
　sich erlauben あえて～する, sich vorstellen 想像する, sich einbilden （誤って）思い込む
※3格の再帰代名詞をとる動詞の多くが、4格目的語を伴う。
　Ich kaufe mir ein Auto. 私は（自分が乗るために）車を買う。
◆ 再帰代名詞は「互いに」という意味の**相互代名詞**としても用いられる。
　　Sie lieben **sich**. 彼らは互いに愛し合っている。

問1 （　）に適当な再帰代名詞を入れなさい。

1) Darf ich （　　　　） hier setzen?

2) Der Reiseplan ändert （　　　　） nicht.

3) Hast du （　　　　） um einen Job beworben?

—— 例文 2 ——
2-30

Ich weiß nicht, ob wir zum Hotel zurückfahren können.

　　　　　　　　　ホテルに戻ることが出来るかどうか、私は分からない。

Ich bin nicht sicher, ob der Bus noch kommt,

weil es schon 12 Uhr Mitternacht ist.

　　　　　　　　もう夜中の12時なので、バスがまだ来るかどうか、私は自信がない。

Ich glaube, dass wir ein Taxi nehmen sollen.

　　　　　　　　私たちはタクシーに乗るべきだと思います。

　ドイツ語の従属文（副文）では、定動詞が文の最後に位置します。最初の接続詞と最後の定動詞とで枠構造が作られます。枠構造については、もうすでに話法の助動詞、未来形、完了形、分離動詞で学んできました。実はこの枠構造こそが、ドイツ語の文構造を際立たせる最大の特徴だと言えます。

3 従属接続詞
2-31

　文と文を対等の関係で結びつけるのが、並列接続詞である（基礎A-4、15頁参照）のに対し、文と文を主従の関係でつなぐもの、つまり一方の文（副文）が他方の文（主文）に従属するという関係を導くのが、**従属接続詞**である。従属接続詞によって導かれた文（従属文）は**副文**と呼ばれ、定動詞は文末に置かれる。これを**定動詞後置**と呼ぶ。

als ～した時	bevor ～する前に	da ～なので	dass ～ということ
damit ～するために		nachdem ～した後で	ob ～かどうか
obwohl ～にもかかわらず		während ～する間	weil ～なので
wenn ～する時、～ならば			

◆ 主文が先行する場合：

主文   副文

Die Kinder *spielen* im Garten, obwohl es stark *regnet*.

枠構造

ひどく雨が降っているにもかかわらず、子どもたちは庭で遊んでいる。

主文   副文

Er *geht* heute nicht zur Schule, weil er sich erkältet *hat*.

枠構造

彼は風邪をひいたので、今日は学校へ行きません。

◆ 副文が先行する場合：主文の定動詞は**倒置**する。

副文   主文

Da das Wetter schön *ist*, *machen* wir einen Spaziergang.

枠構造

天気がいいので、私たちは散歩します。

◆ 間接疑問文も副文構造をとり、定動詞は後置する。

主文   副文

Ich *weiß* nicht, wann der letzte Bus abfährt.

枠構造

最終バスがいつ出発するのか、私は知りません。

問2 下線部の定動詞の位置が間違っています。正しい位置に直しなさい。

1) Er heute nicht <u>kommt</u>, weil er <u>ist</u> krank.

_____

2) Als ich <u>war</u> Kind, noch Wölfe <u>lebten</u> im Wald.

_____

3) Du vergessen <u>hast</u>, dass alle Kinder <u>haben</u> Träume.

_____

---

4 相関接続詞 🎧 2-32

2つ以上の語から成り、慣用的に用いられるのが相関接続詞である。

entweder ...oder ... ～かまたは～	weder ...noch ... ～でもなく～でもない
nicht nur ..., sondern auch ... ～だけではなく、～もまた	
sowohl ...als auch ... ～も～も	zwar ...aber ... 確かに～ではあるが、しかし～

Das Kind war weder zu Hause noch in der Schule.

その子は家にもいなかったし、学校にもいなかった。

1. （　　）に適当な語を入れなさい。

1) Beeilt （　　　）! Sonst verpassen wir den Zug.

2) Putz （　　　） nach dem Essen die Zähne!

3) Du hustest. Hast du （　　　） erkältet?

4) Am Ende des Jahres habe ich weder Geld （　　　） Zeit.

2. 和訳しなさい。

1) Als er an dem Tag nach Hause zurückkam, musste er sich gleich duschen.

＿＿＿＿＿＿＿＿＿＿＿＿＿＿＿＿＿＿＿＿＿＿＿＿＿＿＿＿＿＿＿＿

2) Hast du dich schon umgezogen? Die Oper beginnt bald.

＿＿＿＿＿＿＿＿＿＿＿＿＿＿＿＿＿＿＿＿＿＿＿＿＿＿＿＿＿＿＿＿

3) Er hat sich lange überlegt, was er abends anziehen soll.

＿＿＿＿＿＿＿＿＿＿＿＿＿＿＿＿＿＿＿＿＿＿＿＿＿＿＿＿＿＿＿＿

4) Er hat sich gefreut zu hören, dass die Oper nur eine Stunde dauert.

＿＿＿＿＿＿＿＿＿＿＿＿＿＿＿＿＿＿＿＿＿＿＿＿＿＿＿＿＿＿＿＿

3. 下線部に適当な語を入れて、ドイツ語文を作りなさい。

1) 山 (*pl.* Berge) の天気 (s Wetter) は突然 (plötzlich) 変わる (sich ändern) ことがある (können)。

Das Wetter in ＿＿＿ Bergen ＿＿＿ ＿＿＿ plötzlich ＿＿＿＿.

2) 彼はけがをした (sich verletzen 現在完了形) ので (weil)、次の (nächst) 試合 (s Spiel) に参加 (an ... teilnehmen) できない。

Er ＿＿＿ am ＿＿＿＿ Spiel nicht ＿＿＿＿＿＿, weil er ＿＿＿＿ ＿＿＿＿ hat.

3) この湖 (r See) はとても美しい (wunderschön) が、遊泳も釣りもしてはいけない (weder ... noch ... dürfen)。

Der See ＿＿＿＿＿ wunderschön, ＿＿＿＿＿ man ＿＿＿＿＿ dort weder schwimmen ＿＿＿＿＿ fischen.

4) 仕事 (e Arbeit) が再び始まる (beginnen) 前に (bevor)、私はしばらく (eine Weile) 休憩し (sich erholen) たい (möchte)。

Ich möchte ＿＿＿＿ eine Weile ＿＿＿＿, ＿＿＿＿ die Arbeit wieder ＿＿＿＿.

—Distanz zwischen Vater und Tochter—

A : Vater, 43 Jahre alt, Ingenieur

B : Tochter, 15 Jahre alt, Schülerin

A : Mein liebes Renatchen, was machst du gerade?

B : Ich mache nichts. Du Vati, sag bitte nicht Renatchen zu mir!

A : Na gut. Wenn dir das nicht gefällt, dann spreche ich dich ohne -chen an.

Also, hast du schon die Hausaufgaben gemacht, Renate? 5

B : Oh Gott! Weißt du was? Das fragst du mich schon zum dritten Mal.

A : Als Vater möchte ich nur wissen, ob du zu Hause wirklich fleißig lernst.

B : Hör mal, Vati! Du weißt doch, dass ich die beste Schülerin der Klasse bin. 10

A : Ja, natürlich! Du bist genauso intelligent wie ich.

B : Nein, das stimmt nicht. Ich bin so intelligent wie Mutti, weil Mutti viel intelligenter und klüger ist als du.

A : Das mag sein. Aber weißt du, warum Mutti ausgerechnet mich geheiratet hat? 15

B : Nein, das ist mir das größte Rätsel der Welt. Sag bitte, warum denn?

A : Weil ich sie von ganzem Herzen liebe! Die Liebe ist das Allerstärkste auf der Welt. Früher sind ihr ständig viele Jungs hinterhergelaufen. Ich aber habe immer eine gewisse Distanz zu ihr gewahrt.

B : Und? Was dann? 20

A : Wenn sie Probleme hatte, ist sie zu mir gekommen. Ich habe ihr nur zugehört. Das war alles. Das hat Mutti sehr gut gefallen.

B : Ach so. Na, genau das wünsche ich mir auch, Vati!

A：Was? Ich kann dich nicht verstehen.

25

B：Bleib bitte etwas auf Distanz, wenn du mich liebst!

A：Aha. Na gut!

【注】
1行目　Renatchen　レナーテちゃん
3行目　-chen　〜ちゃん
6行目　Weißt du was?　分かってるの
14行目　ausgerechnet　よりによって
18行目　Jungs　若い男たち（Junge の複数形）　　hinterherlaufen　〜に付きまとう
19行目　Distanz wahren　距離を保つ

基礎 C
Basis-C

 受動態

例文 1　　　　　　　　　　　　　　　　　　　　　　　　　🎧 2-35

Ein Hund wurde von einem Auto überfahren.

一匹の犬が車にひかれた。

Der Hund wurde gleich zum Tierarzt gebracht.

その犬はすぐに獣医の所へ連れて行かれた。

Der Hund wurde operiert, weil er schwer verletzt wurde.

その犬は重傷を負ったので、手術を受けた。

Nach der Operation wurde er wieder gesund.

手術の後、その犬は再び元気になった。

　主語が動作・行為の主体を表す能動文に対し、受動文では動作・行為を受ける対象が主語となります。受動文では必ずしも動作主を明示する必要はなく、あくまでも動作・行為の受け手が話題の中心となります。何について語るかによって文の形式が異なり、さまざまな文形式を知ることで表現力が豊かになります。もう少しですので、がんばりましょう。

1　動作受動　🎧 2-36

　werden ＋ ... ＋ 過去分詞　「〜される」
werden は人称変化し、**定動詞**となる。
過去分詞は文末に置かれ、定動詞の werden と共に**枠構造**を形成する。

◆ 能動文と受動文
[能動文] <u>Die Kinder</u> singen <u>ein deutsches Lied</u>.　子どもたちがドイツの歌を歌う。

[受動文] <u>Ein deutsches Lied</u> wird von <u>den Kindern</u> gesungen.
　　　　　　　　　　　　　　　　枠構造
ドイツの歌が子供たちによって歌われる。

※能動文の4格目的語（動作・行為を受ける対象）が受動文の主語となる。
※能動文の主語（動作・行為の主体）は受動文では von ...（〜によって）で表される。

[能動文] Der Lautsprecher stört unsere Unterhaltung.
スピーカーが私たちの会話を妨げる。

[受動文] Unsere Unterhaltung wird durch den Lautsprecher gestört.
私たちの会話がスピーカーによって妨げられる。

※原因・理由は durch... によって、手段・道具は mit... によって表される。

［能動文］　Er schenkt dem Mädchen eine Blume.　　彼はその少女に花を贈る。

［受動文］　Eine Blume **wird** dem Mädchen von ihm **geschenkt**.

花が彼から（彼によって）その少女に贈られる。

※能動文の3格目的語は行為を被る相手ではあるが、受動文の主語にはならない。
　あくまでも直接行為の対象となる4格目的語のみが、受動文の主語となる。

問 1　能動文を受動文に変えなさい。

1) Die Katze fängt eine Maus.

　⇒ _____

2) Der Mechaniker repariert das Auto.

　⇒ _____

3) Der Arzt operiert meinen Vater.

　⇒ _____

2　受動文の時制 🎧 2-37

現在形：　　Die Weihnachtslieder **werden** in der Kirche **gesungen**.

クリスマスソングが教会で歌われる。

過去形：　　Die Weihnachtslieder **wurden** in der Kirche **gesungen**.

現在完了形：Die Weihnachtslieder **sind** in der Kirche **gesungen worden**.

助動詞 werden の過去分詞には ge- が付かない。

過去完了形：Die Weihnachtslieder **waren** in der Kirche **gesungen worden**.

未来形：　　Die Weihnachtslieder **werden** in der Kirche **gesungen werden**.

※未来の助動詞 werden が定動詞となる。gesungen werden は受動の不定詞。

問 2　指示に従って時制を変えなさい。

1) Hier wird ein neues Haus gebaut.　　　　＜過去形に＞

　⇒ _____

2) Die Prinzessin wird von vielen Leuten geliebt.　＜現在完了形に＞

　⇒ _____

3) Das Rathaus wird um 9 Uhr geöffnet.　　　＜未来形に＞

　⇒ _____

ドイツ語文法では、4格目的語をとる動詞を**他動詞**と呼び、4格目的語をとらない動詞を**自動詞**と呼ぶ。従って目的語をとらない動詞だけでなく、2格支配の動詞（bedürfen 必要とする, gedenken 思い出す）や3格支配の動詞（begegnen 出会う, gefallen 気に入る, helfen 助ける）でも自動詞に分類される。

［能動文］　Er hilft **mir** bei der Arbeit.　　　彼は私の仕事を手伝う。

［受動文］　Mir **wird** von ihm bei der Arbeit **geholfen**.　　私は彼に仕事を手伝ってもらう。
　　　　　　　　　　　　　枠構造

※4格目的語のない能動文を受動文にするとき、**主語のない受動文**ができる。

※主語のない受動文を避けるために、非人称の **es** を**形式上の主語**としてたてることが出来るが、この es は文頭にだけ現れて、文中では消失する。

　　Es **wird** mir von ihm bei der Arbeit **geholfen**.

［能動文］　Am Sonntag tanzt **man** in der Stadthalle.　　日曜日に市民会館でダンスがある。

［受動文］　Am Sonntag **wird** in der Stadthalle **getanzt**.

　　　　　⇒ Es **wird** am Sonntag in der Stadthalle **getanzt**.

> 一般の「人」を表す man が主語のとき、受動文では man は省略される。

問3　能動文を受動文に変えなさい。

1) Die Krankenschwester hilft dem Arzt.

⇒ _____

2) Hier arbeitet man auch am Sonntag.

⇒ _____

sein + ... + 過去分詞　「～されている、～している」

sein は人称変化し、**定動詞**となる。

過去分詞は文末に置かれ、定動詞の sein と共に**枠構造**を形成する。

◆ 動作受動「～される」に対し、動作・行為を受けた結果としての状態を表す。

　　Das Theater **ist** seit zwei Jahren **geschlossen**.　　その劇場は2年前から閉鎖されている。
　　　　　　　　　　枠構造

※ sein 支配の動詞の完了形と形式上は同じなので、注意をすること。

　　Er **ist** vor drei Jahren nach Afrika **gefahren**.　　　彼は3年前アフリカへ行った。

問4　指示された動詞の過去分詞を（　　）に入れなさい。

1) Der Kuchen ist（　　　）.　　　< backen >

2) Der Tisch ist（　　　）.　　　< decken >

1. 次の文（能動文）を受動文に変えなさい。

1) Der Lehrer lobt die Schülerin.

⇒ _____

2) Die Eltern lieben die Kinder.

⇒ _____

3) Viele Touristen besuchten das Schloss.

⇒ _____

4) Er hat uns zum Essen eingeladen.

⇒ _____

2. 定動詞に下線を引き、和訳しなさい。

1) Der Reiseplan ist plötzlich geändert worden.

_____

2) Dein Zimmer muss sofort aufgeräumt werden.

_____

3) In allen Gebäuden darf nicht geraucht werden.

_____

4) Weißt du, dass das Museum um 17.00 Uhr geschlossen wird?

_____

3. 下線部に適当な語を入れて、ドイツ語文を作りなさい。

1) その古い（alt）家（s Haus）は、来年（nächstes Jahr）修理（renovieren）される。

Das _____ Haus _____ nächstes Jahr _____.

2) アレックス（Alex）はしばしば（oft）彼の兄と（mit）間違え（verwechseln）られる。

Alex _____ oft mit _____ Bruder _____.

3) 昨日（gestern）、新しい（neu）市長（r Bürgermeister）が選（wählen）ばれた。＜過去形＞

Gestern _____ ein _____ Bürgermeister _____.

4) ハワイ行きの（nach Hawaii）飛行機（s Flugzeug）は、満席（voll besetzt sein）だった。

Das Flugzeug _____ Hawaii _____ _____ _____. ＜過去形＞

関係代名詞、指示代名詞

例文 1 🎧 2-41

Das ist Dr. Braun, der gerade in Japan angekommen ist.

こちらはちょうど日本に着いたばかりのブラウン博士です。

Er untersucht Aale, die in der Nordsee leben.

彼は北海で生息しているウナギを研究しています。

Alles, was die Aale betrifft, interessiert ihn sehr.

ウナギに関することなら何でも、彼はとても関心があります。

「何がどうした」というようなシンプルな単一文（単文）に対し、従属文や関係文といった副文を伴う複合文では、文と文が複雑に絡み合う構造をとります。主文と副文の特徴が理解できさえすれば、この複雑な文と文の絡み合いも論理的にすっきりした構造であることが分かります。ドイツ語の文構造を理解する上で、ここは非常に重要なところです。

1 定関係代名詞 🎧 2-42

◆ 従属接続詞が従属文（副文）を導く接続詞であるように、関係代名詞は関係文（副文）を導く代名詞のことである。関係代名詞は、定関係代名詞と不定関係代名詞に分けられる。

定関係代名詞の格変化

	男性	女性	中性	複数
1 格	der	die	das	die
2 格	dessen	deren	dessen	deren
3 格	dem	der	dem	denen
4 格	den	die	das	die

◆ 定関係代名詞は特定の先行詞を受け、その**先行詞の性・数**と定関係代名詞の性・数は必ず**一致**する。
◆ 定関係代名詞の**格**は、関係文における役割（主語、目的語など）によって決まる。
◆ 定関係代名詞は**省略できない**。
◆ 関係文は副文なので、関係文の**定動詞は文末**に位置する。（**定動詞後置**）
◆ 定関係代名詞と文末の定動詞とで**枠構造**を形成する。
◆ 関係文は必ず**コンマ**で区切る。

主文　　　　　　　　副文
Das ist *der Mann*, |der| fließend Deutsch |spricht|.　　こちらがドイツ語を流ちょうに話す男性です。
先行詞　　　　　　 枠構造

Das ist *die Frau*, **deren** Sohn Deutsch **lernt**. 　　こちらは息子さんがドイツ語を学んでいる女性です。

Das ist *das Mädchen*, mit **dem** er Tennis **spielt**. 　こちらは彼が一緒にテニスをする少女です。

Das sind *die Leute*, **die** Sie noch nicht **kennen**. 　こちらはあなたがまだご存知ない人たちです。

問1　適当な定関係代名詞を（　　）に入れて、和訳しなさい。

1) Ich kenne den Mann, (　　　　　　　) aus Dänemark kommt.

_____

2) Ich kenne die Frau, (　　　　　　) Tochter in Kanada studiert. .

_____

3) Ich kenne die Leute, (　　　　　) du zur Party eingeladen hast.

_____

2　不定関係代名詞 🎧 2-43

「（およそ）〜する人（物・事）」という意味で、不特定の人や事物を表す。

	人	事・物
1格	**wer**	**was**
2格	**wessen**	―
3格	**wem**	―
4格	**wen**	**was**

※不定関係代名詞 **wer** は先行詞をとらない。
※不定関係代名詞 **was** は、alles（全て）, etwas（何か）, nichts（何も〜ない）, vieles（多くのこと）や、中性名詞化した形容詞などを先行詞にとることがある。

※不定関係代名詞によって導かれた文（関係文）は副文なので、**定動詞は後置**する。
※不定関係代名詞と後置した定動詞とで**枠構造**を形成する。

　　　副文　　　　　　　　　　主文
Wer einmal **lügt**, dem glaubt man nicht. 　一度うそをついた者は、信用してもらえない。
└─枠構造─┘　　　※ dem は前文（関係文）を受ける指示代名詞

　　　主文　　　　　　　　　　副文
Das ist *das Schönste*, **was** ich je gesehen **habe**! 　これは私が今まで見てきた中で最も美しいものだ。
└─────枠構造─────┘

問2　適当な不定関係代名詞を（　）に入れて、和訳しなさい。

1) (　　　　　　　) ins Ausland geht, muss einen Reisepass haben.

_____

2) Alles, (　　　　　) er gesagt hat, sind Lügen.

_____

	男性	女性	中性	複数
1 格	**der**	**die**	**das**	**die**
2 格	**dessen**	**deren**	**dessen**	**deren/derer**
3 格	**dem**	**der**	**dem**	**denen**
4 格	**den**	**die**	**das**	**die**

> 複数 2 格の derer をのぞき、すべて定関係代名詞の変化と同形。

> 複数 2 格の derer は、次に来る関係代名詞の先行詞 (〜という人々の) となる。

◆ 単独で用いられ、強めのアクセントが置かれる。
　　Wer ist **das**? あれは誰ですか。　— **Das** ist Frau Braun. あれはブラウン夫人です。
　　Was wünschen Sie? ご注文は何ですか。　— Ich nehme **das** und **das**. これとこれをもらいます。

◆ 定冠詞よりも指示性が強まる。
　　Kennst du Willy?　— Ja, **den** Mann kenne ich. はい、その男は知ってます。
　　ヴィリーを知ってるかい。　— Ja, **den** kenne ich gut. はい、その男ならよく知ってます。

◆ 指示代名詞には dieser, jener, solcher などがあり、der, die, das と同様、指示する名詞の性・数に応じて変化する。

◆ 同語反復を避けるときに用いられる。
　　Meine Kamera ist kleiner als **die** meines Vaters. 私のカメラは父のカメラより小さい。

◆ 人称代名詞と比べ場面による依存度が高く、日常会話で多用される。
　　Ich hasse ihn. 私は彼が大嫌いだ。
　　Ich hasse **diesen** Mann. あんな男私は大嫌いだ。

問 3 適当な指示代名詞を ( ) に入れて、和訳しなさい。

1) Es war einmal ein König. (　　　　　) hatte drei Töchter.

_____

2) Kennst du Luise? — Nein, (　　　　　) kenne ich nicht.

_____

　一般の「人」を表す man と同じように、不特定の人や事物を表す代名詞を**不定代名詞**と呼ぶ。単独で用いられ、語形変化する。

1 格	**man**	**einer** ある人 (一人)	**jemand** 誰か、ある人	**alles** 全ての事	**alle** 全ての人々
2 格	**eines**	**eines**	**jemand(e)s**	**alles**	**aller**
3 格	**einem**	**einem**	**jemand(em)**	**allem**	**allen**
4 格	**einen**	**einen**	**jemand(en)**	**alles**	**alle**

　　Hallo, ist da jemand? オーイ、そこに誰かいますか。

1. 次の 2 文を定関係代名詞で 1 文にして、和訳しなさい。

1) Das Auto ist sehr teuer. Das Auto willst du kaufen.

   ⇒ _____

2) Wir hören gern Lieder. Die Lieder werden in der Kirche gesungen.

   ⇒ _____

3) Der Schlüssel ist verschwunden. Den Schlüssel habe ich auf den Tisch gelegt.

   ⇒ _____

4) Die Frau ist Schwedin. Mit der Frau habe ich eben gesprochen.

   ⇒ _____

2. 和訳しなさい。

1) In dem Geschäft gibt es alles, was man im Alltagsleben braucht.

   _____

2) Hast du jetzt Zeit? ― Nein, ich habe noch etwas zu tun.

   _____

3) Was denkst du über den neuen Kollegen? ― Der sieht sehr nett aus.

   _____

4) Albert Einstein ist einer der berühmtesten Physiker der Welt.

   _____

3. 下線部に適当な語を入れて、ドイツ語文を作りなさい。

1) あそこに（dort）立っている（stehen）紳士（r Herr）は私たちの教授（r Profesor）です。

   Der Herr, _____ dort _____, _____ unser Professor.

2) 空港に（zum Flughafen）行く（fahren）電車（e Bahn）は 1 時間（eine Stunde）遅れている（Verspätung haben）。

   Die Bahn, _____ zum Flughafen _____, _____ eine Stunde _____.

3) ベンチ（e Bank）に（auf）座っている女性を君は知っていますか？

   Kennst du _____ Frau, _____ auf _____ der Bank _____?

4) そのチーズ（r Käse）を食べなさい。― それは嫌いだ（nicht mögen）。

   Iss doch _____ Käse! ― _____ _____ ich nicht.

⚜ 非現実話法（接続法第２式）

例文 1 〔2-47〕

Wenn ich viel Geld hätte, wäre ich sicher glücklich.

もし僕にお金がたくさんあったら、きっと僕は幸せになるだろう。

Aber ohne dich könnte ich nicht mehr leben.

でも君がいなければ、僕はこれ以上生きては行けないだろう。

Wenn du nur bei mir wärest, würde ich nichts mehr brauchen.

もし君がそばにいてくれさえすれば、僕はもう何もいらないだろう。

「もし〜なら（だったら）」という表現は仮定の条件であり、「〜する（した）のだが」は仮定の帰結となります。両者共に非現実のことを語りますので、ドイツ語では非現実話法と呼びます。実はこの非現実話法の表現の背後には、もう一つ「〜と私は仮定する」という内容の主文が隠されています。つまり非現実話法の表現は、「〜と私は仮定する」という主文に接続しているとも言えます。この非現実話法も含め、何らかの主文に接続する副文形式の表現を総称して、「接続法」と呼んでいます。動詞の形に着目してください。

1 接続法第２式の作り方（基本形）

◆ 規則動詞： **過去基本形と同形**

> 過去基本形をもとにして作ります。

不定詞		過去基本形		接続法第２式
lernen	—	lernte	>	**lernte**
machen	—	machte	>	**machte**
spielen	—	spielte	>	**spielte**
kaufen	—	kaufte	>	**kaufte**

◆ 不規則動詞： **過去基本形 ＞ ̈e**

不定詞		過去基本形		接続法第２式
gehen	—	ging	>	**ginge**
kommen	—	kam	>	**käme**
fahren	—	fuhr	>	**führe**
sein	—	war	>	**wäre**
haben	—	hatte	>	**hätte**
werden	—	wurde	>	**würde**
können	—	konnte	>	**könnte**
mögen	—	mochte	>	**möchte**

※不規則動詞では、過去基本形の幹母音が a, o, u のとき、変音して ä, ö, ü となる

次の動詞（不定詞）の過去基本形と接続法第 2 式の形を書きなさい。

1) wohnen　（過去基本形）_____　（接続法第 2 式）_____

2) rufen　　（過去基本形）_____　（接続法第 2 式）_____

3) geben　　（過去基本形）_____　（接続法第 2 式）_____

2　接続法第 2 式の人称変化

2式基本形	lernte	ginge	wäre	hätte	würde	könnte	möchte
ich	lernte	ginge	wäre	hätte	würde	könnte	möchte
du	lerntest	gingest	wär(e)st	hättest	würdest	könntest	möchtest
er	lernte	ginge	wäre	hätte	würde	könnte	möchte
wir	lernten	gingen	wären	hätten	würden	könnten	möchten
ihr	lerntet	ginget	wäret	hättet	würdet	könntet	möchtet
sie/Sie	lernten	gingen	wären	hätten	würden	könnten	möchten

※規則動詞の場合、直説法の過去人称変化と同形になる。

問 2　次の接続法第 2 式を人称変化させなさい。

1) käme　　ich _____　du _____　er _____

　　　　　　wir _____　ihr _____　sie _____

2) müsste　ich _____　du _____　er _____

　　　　　　wir _____　ihr _____　sie _____

3　接続法第 2 式の時制

現在	er gäbe	er käme
過去	er hätte gegeben	er wäre gekommen
未来	er würde geben	er würde kommen
未来完了	er würde gegeben haben	er würde gekommen sein

> 接続法第 2 式
> の過去は、完了
> 形で表される。

4　接続法第 2 式の用法　🎧 2-48

①非現実話法

実現の可能性が低い事、実現困難な事、非現実的な仮定、あるいは事実に反する事を表す。

◆ 現在の事実に反する仮定

    Wenn er da **wäre, könnten** wir das Spiel gewinnen.

        もし彼がいれば、我々は試合に勝てるのだが。（実際は彼がいないので、試合に勝てない）

◆ 過去の事実に反する仮定

    Wenn er da **gewesen wäre, hätten** wir das Spiel gewinnen **können.**

        （※ können は過去分詞）

        もし彼がいてくれていたら、我々はその試合に勝つことが出来たのだが。

        （実際は彼がいなかったので、勝てなかった）

◆ wenn の省略

    Hätte ich Zeit, [so] **könnte** ich dich besuchen.   もし時間があれば、君を訪ねることが

                                                    できるのだが。

◆ |**würde ＋不定詞**| による帰結部の言い換え

    Wenn ich die Chance hätte, **führe** ich einen Rennwagen.

        チャンスがあれば、レーシングカーを運転するのだが。

    ⇒ Wenn ich die Chance hätte, **würde** ich einen Rennwagen fahren.

◆ 仮定部の独立用法

    Wenn ich doch ein Vogel wäre!   もし僕が鳥であればなあ。

    Wenn ich doch die Prüfung bestanden hätte!   試験に合格さえしていたらなあ。

◆ 帰結部の独立用法

    Du hättest nur auf mich hören sollen.   君は私の言うことを聞きさえすればよかったのに。

    Ich würde das nie tun.   私ならそんなことは決してしないでしょう。

        ※この場合、意識的に主語に強アクセントを置いて発音する。

◆ **als ob / als wenn** 「まるで〜のように」

    Du sprichst fließend Deutsch, als ob（als wenn）du ein Deutscher wärest.

                （als wärest du ein Deutscher.）

        君はまるでドイツ人であるかのように、流ちょうにドイツ語を話す。

②婉曲的表現（外交辞令的用法）

Ich **hätte** eine Frage.   ひとつお聞きしたいことがあるのですが。

Würden Sie mir bitte den Weg zeigen?   どうか私に道を教えていただけませんか。

Ich **möchte** den Herrn Professor sehen.   教授にお会いしたいのですが。

※ möchte は本来丁寧な表現「〜したいのですが」であるが、日常会話では話者の願望「〜したい」という意味で多く用いられる。そのため、möchte は話法の助動詞に数えられることがある。

 問 3 （   ）の動詞あるいは助動詞を接続法第2式にして書き換え、和訳しなさい。

1）Wenn ich reich（ bin ）,（ werde ）ich eine Weltreise machen.

    _____

2）Wenn ich mehr Zeit（ habe ）,（ kann ）ich länger hier bleiben.

    _____

3）Ohne Ihre Hilfe（ werden ）wir das nicht schaffen.

    _____

4）（ Hast ）du Lust, mit mir ins Kino zu gehen?

    _____

1. 下線を引いた定動詞の位置が間違っています。正しく直して和訳しなさい。

1) Wenn ich <u>wäre</u> doch langsamer gefahren!

⇒ _____

2) Alles, was er <u>hat</u> gesagt, wahr sein <u>könnte</u>.

⇒ _____

3) Er so <u>tat</u>, als ob er <u>hätte</u> das nicht gewusst.

⇒ _____

4) An deiner Stelle ich <u>würde</u> den Job wechseln.

⇒ _____

2. 和訳しなさい。

1) Beinahe hätte ich die letzte Bahn verpasst!

_____

2) Ich wäre Ihnen dankbar, wenn wir einen anderen Treffpunkt wählen könnten.

_____

3) Ich hätte eine dringende Bitte an Sie.

_____

4) Würden Sie mir bitte noch ein Glas Wasser bringen?

_____

3. 下線部に適当な語を入れて、ドイツ語文を作りなさい。

1) もし（wenn）僕が自由に（frei）空を（durch die Lüfte）飛ぶ（fliegen）ことができたらなあ。

Wenn ich doch _____ durch die Lüfte _____ _____!

2) どうか（bitte）ドア（e Tür）を閉めていただけませんか。< schließen >

_____ Sie bitte _____ Tür _____?

3) 明日（morgen）私とテニスをする（Tennis spielen）時間（Zeit）がありますでしょうか。

_____ Sie morgen Zeit, mit _____ Tennis _____ spielen?

4) もっといい（besser）文法の教科書（Grammatik-Lehrbücher）があったら（es gäbe ...）なあ。

Wenn _____ doch _____ Grammatik-Lehrbücher _____!

⚜ 要求話法、間接話法（接続法第 1 式）

2-50

例文 1 ─

Ich will nicht sagen, dass er arrogant sei.

彼は生意気だ、とは言うつもりないわ。

Man sagt nur, dass er unsympathisch sei.

彼は気に入らない、と人が言っているだけなの。

Willst du mir sagen, dass ich ihn aufgeben solle?

私に彼を見捨てろ、とでも言いたいの？

　接続法第 2 式が主に「～だと仮定する」という主文に接続する非現実話法であるのに対し、接続法第 1 式は、「～だと（人が）言っている」、「～であることを（私は）願う・要求する」という内容の主文に接続する表現形式です。日本語で「～だと」と言葉を補ってみると理解しやすいでしょう。自分自身の考えであるのか、第三者の言説や主張であるのかが、動詞の形だけから判断できます。これでドイツ語文法がすべて完了したことになります。

直説法：　　　　Er **hat** den letzten Zug verpasst.　　彼は最終列車に乗り損ねた。　　2-51

接続法第 2 式：Er **hätte** beinahe den letzten Zug verpasst.

　　　　　　　　　　　　　　　　　　　　彼は危うく最終列車に乗り損ねるところだった。

接続法第 1 式：Er **habe** den letzten Zug verpasst.　　彼は最終列車に乗り損ねた（と人が言っている）。

1　接続法第 1 式の基本形

不定詞の語幹 ＋ e

◆ 規則動詞、不規則動詞にかかわりなく、不定詞の語幹をもとにして作る。

不定詞		語幹		接続法第 1 式
lernen	—	lern	>	**lerne**
machen	—	mach	>	**mache**
gehen	—	geh	>	**gehe**
kommen	—	komm	>	**komme**
fahren	—	fahr	>	**fahre**
sein	—	sei	>	**sei**
haben	—	hab	>	**habe**
werden	—	werd	>	**werde**
können	—	könn	>	**könne**
mögen	—	mög	>	**möge**

例外

問 1 次の動詞（不定詞）の語幹と接続法第 1 式の基本形を書きなさい。

1) wohnen （語幹）＿＿＿＿＿＿ （接続法第 1 式）＿＿＿＿＿＿＿＿

2) rufen （語幹）＿＿＿＿＿＿ （接続法第 1 式）＿＿＿＿＿＿＿＿

3) geben （語幹）＿＿＿＿＿＿ （接続法第 1 式）＿＿＿＿＿＿＿＿

2 接続法第 1 式の人称変化

> sein の接続法第 1 式の変化は例外的。

1 式基本形	lerne	gehe	sei	habe	werde	könne	möge
ich	lerne	gehe	sei	habe	werde	könne	möge
du	lernest	gehest	sei(e)st	habest	werdest	könnest	mögest
er	lerne	gehe	sei	habe	werde	könne	möge
wir	lernen	gehen	seien	haben	werden	können	mögen
ihr	lernet	gehet	seiet	habet	werdet	könnet	möget
sie/Sie	lernen	gehen	seien	haben	werden	können	mögen

問 2 次の接続法第 1 式を人称変化させなさい。

1) komme ich ＿＿＿＿＿ du ＿＿＿＿＿ er ＿＿＿＿＿

   wir ＿＿＿＿＿ ihr ＿＿＿＿＿ sie ＿＿＿＿＿

2) müsse ich ＿＿＿＿＿ du ＿＿＿＿＿ er ＿＿＿＿＿

   wir ＿＿＿＿＿ ihr ＿＿＿＿＿ sie ＿＿＿＿＿

3 接続法第 1 式の時制

現在	er gebe	er komme
過去	er habe gegeben	er sei gekommen
未来	er werde geben	er werde kommen
未来完了	er werde gegeben haben	er werde gekommen sein

> 接続法第 1 式の過去は、完了形で表される。

4 接続法第 1 式の用法 🎧 2-52

①**要求話法**

Gott **vergebe** uns! 　神よ私たちをお許しください。

Sie **möge** glücklich werden! 彼女が幸せになりますように。

Man **nehme** nach dem Essen eine Tablette. 食後に 1 錠飲むこと。（薬の処方箋）

②間接話法

　基本的に接続法第 1 式が用いられるが、それが直説法現在と同形の場合、接続法第 2 式が代わりに用いられることがある。

　ドイツ語では主文と副文の間に、厳密な時制の一致はみられない。

a）［直接話法］Er sagt (sagte): „Ich bin zu Hause.“

　　　　　　　彼は、「自宅にいる」と言っている（言った）。

　［間接話法］Er sagt (sagte), dass er zu Hause **sei**.

　　　　　　　Er sagt (sagte), er **sei** zu Hause.

　　　　　　　彼は自宅にいると言っている（言った）。

b）［直接話法］Er sagt (sagte): „Ich habe die Grammatik gelernt.“

　　　　　　　彼は、「文法を学んだ」と言っている（言った）。

　［間接話法］Er sagt (sagte), dass er die Grammatik **gelernt habe**.

　　　　　　　Er sagt (sagte), er **habe** die Grammatik **gelernt**.

　　　　　　　彼は文法を学んだと言っている（言った）。

c）［直接話法］Er befahl mir: „Mach gleich die Hausaufgaben!“

　　　　　　　彼は私に、「すぐに宿題をしなさい」と命じた。

　［間接話法］Er befahl mir, dass ich gleich die Hausaufgaben machen **solle**.

　　　　　　　Er befahl mir, ich **solle** gleich die Hausaufgaben machen.

　　　　　　　彼は私にすぐに宿題をするようにと命じた。

③間接疑問文

a）［直接話法］Er fragt (fragte) uns: „Habt ihr Lust, Wein zu trinken?“

　　　　　　　彼は私達に、「ワインを飲む気があるかい」と尋ねる（尋ねた）。

　［間接話法］Er fragt (fragte) uns, ob wir Lust **hätten**, Wein zu trinken.

　　　　　　　彼は私達に、ワインを飲む気があるかどうかと尋ねる（尋ねた）。

b）［直接話法］Er fragt (fragte) sie: „Wohin bist du gefahren?“

　　　　　　　彼は彼女に、「どこへ行っていたの」と尋ねる（尋ねた）。

　［間接話法］Er fragt (fragte) sie, wohin sie **gefahren sei**.

　　　　　　　彼は彼女に、どこへ行っていたのかと尋ねる（尋ねた）。

問 3 （　　）の動詞あるいは助動詞を接続法第 1 式にして書き換え、和訳しなさい。

1) Sie sagt, dass die Reisegruppe schon losgefahren (ist).

　　_____

2) Sie fragte ihn, ob er Zeit (hat), ins Theater zu gehen.

　　_____

3) Sie sagte ihm, er (soll) ins Bett gehen.

　　_____

2-53

1. 直接話法を間接話法に書きかえなさい。

1) Michael sagt jeden Tag: „Ich habe keine Zeit."

   ⇒ _____

2) Irene sagte: „Ich habe flexible Arbeitszeit."

   ⇒ _____

3) Der Arzt hat ihm gesagt: „Schonen Sie sich!."

   ⇒ _____

4) Seine Frau fragte ihn: „Warum willst du dich nicht erholen?"

   ⇒ _____

2. 和訳しなさい。

1) Gott erlöse uns von dem Bösen!

   ⇒ _____

2) Möge sie glücklich werden!

   ⇒ _____

3) Er sagte, er habe sein Ziel nie aufgegeben.

   ⇒ _____

4) Sein Trainer sagte, er sei der beste Spieler des Teams.

   ⇒ _____

3. 下線部に適当な語を入れて、ドイツ語文を作りなさい。

1) 彼は今（jetzt）自宅にいる（zu Hause sein）、と私たちは思い（glauben）ました。＜過去形＞

   Wir _____, er _____ jetzt _____ Hause.

2) 彼は、自分は最善を尽く（sein Bestes tun）した、と言っている。

   Er _____, er _____ sein Bestes _____.

3) この法律（s Gesetz）は変えねばならない（ändern müssen）、と彼は考えている（der Meinung sein）。

   Er _____ der Meinung, man _____ dieses Gesetz _____.

4) あなたのご両親が健康で（gesund bleiben）長生き（lange leben）しますように（mögen）。

   _____ Ihre Eltern _____ bleiben und noch _____ _____!

Dialog(Basis-C)

🎧 2-54

—Gespräch zwischen Mutter und Sohn—

A : Sohn, 6 Jahre alt, Schüler

B : Mutter, 41 Jahre alt, Journalistin

A : Sag mal Mutti, wärst du glücklich, wenn ich ein Millionär wäre?

B : Oh Gott! Wie kommst du denn auf diese Frage?

A : Ich möchte nur wissen, ob du jetzt glücklich bist.

B : Na! Mach dir darüber bloß keine Sorgen! Ich bin glücklich, weil du so ein lieber Junge bist.

A : Ehrlich? Also, weißt du, ich habe bei der Matheprüfung eine sehr schlechte Note bekommen?

B : Du lieber Himmel! Warum hast du mir das nicht gleich gesagt?

A : Ich meinte, du würdest dann denken, ich sei ein Faulpelz und wärst deswegen unglücklich. Na ja, ich bin halt nicht so clever wie der Thomas. Der lernt ja auch ständig.

B : Du mein kleiner Schatz! Weißt du, mach einfach, was du willst! Ich wünsche mir nur, dass du deinen eigenen Weg gehst.

A : Meinen eigenen Weg gehen? Was heißt das?

B : Sag mal, wann fühlst du dich eigentlich richtig glücklich?

A : Ich fühle mich so richtig glücklich, wenn ich nachmittags von deinem Apfelkuchen essen kann.

B : Gibt's sonst noch was?

A : Ich wäre sehr glücklich, wenn der Johannes ganz lange bei uns bleiben und jeden Tag mit uns zu Abend essen könnte.

B : Meinst du meinen Freund, den Johannes, von dem du zu deinem letzten Geburtstag das große Geschenk bekommen hast?

A : Ja, den meine ich. Ich denke immer, du und ich wären ganz bestimmt glücklich, wenn der mein Vater wäre. Glaubst du das nicht

25 auch?

B : Mein Schatz! Ich glaube, dein Wunsch könnte schon bald in Erfüllung gehen.

【注】

1 行目	Millionär 大金持ち
6 行目	Mathe（＝ Mathematik）算数、数学
8 行目	Du lieber Himmel! おやまあ！
9 行目	Faulpelz 怠け者
10 行目	clever 利口な
26 行目	in Erfüllung gehen（願いが）かなう、実現する

主要不規則動詞変化表

不定詞	直接法現在	過去基本形	接続法第2式	過去分詞
backen (パンなどを)焼く	*du* bäckst (backst) *er* bäckt (backt)	**backte**	backte	**gebacken**
befehlen 命令する	*du* befiehlst *er* befiehlt	**befahl**	beföhle (befähle)	**befohlen**
beginnen 始める，始まる		**begann**	begänne (begönne)	**begonnen**
bieten 提供する		**bot**	böte	**geboten**
binden 結ぶ		**band**	bände	**gebunden**
bitten たのむ		**bat**	bäte	**gebeten**
bleiben とどまる		**blieb**	bliebe	**geblieben**
braten (肉などを)焼く	*du* brätst *er* brät	**briet**	briete	**gebraten**
brechen 破る，折る	*du* brichst *er* bricht	**brach**	bräche	**gebrochen**
brennen 燃える		**brannte**	brennte	**gebrannt**
bringen 持って来る		**brachte**	brächte	**gebracht**
denken 考える		**dachte**	dächte	**gedacht**
dürfen …してもよい	*ich* darf *du* darfst *er* darf	**durfte**	dürfte	**gedurft** **dürfen**
empfehlen 推薦する	*du* empfiehlst *er* empfiehlt	**empfahl**	empfähle (empföhle)	**empfohlen**
erschrecken 驚く	*du* erschrickst *er* erschrickt	**erschrak**	erschräke	**erschrocken**
essen 食べる	*du* isst *er* isst	**aß**	äße	**gegessen**
fahren (乗物で)行く	*du* fährst *er* fährt	**fuhr**	führe	**gefahren**
fallen 落ちる	*du* fällst *er* fällt	**fiel**	fiele	**gefallen**
fangen 捕える	*du* fängst *er* fängt	**fing**	finge	**gefangen**
finden 見つける		**fand**	fände	**gefunden**
fliegen 飛ぶ		**flog**	flöge	**geflogen**

不定詞	直接法現在	過去基本形	接続法第2式	過去分詞
fliehen 逃げる		**floh**	flöhe	**geflohen**
fließen 流れる		**floss**	flösse	**geflossen**
frieren 凍る		**fror**	fröre	**gefroren**
geben 与える	*du* gibst *er* gibt	**gab**	gäbe	**gegeben**
gehen 行く		**ging**	ginge	**gegangen**
gelingen 成功する		**gelang**	gelänge	**gelungen**
gelten 値する，有効である	*du* giltst *er* gilt	**galt**	gälte (gölte)	**gegolten**
genießen 享受する，楽しむ		**genoss**	genösse	**genossen**
geschehen 起こる	*es* geschieht	**geschah**	geschähe	**geschehen**
gewinnen 獲得する，勝つ		**gewann**	gewänne (gewönne)	**gewonnen**
graben 掘る	*du* gräbst *er* gräbt	**grub**	grübe	**gegraben**
greifen つかむ		**griff**	griffe	**gegriffen**
haben 持っている	*du* hast *er* hat	**hatte**	hätte	**gehabt**
halten 持って(つかんで)いる	*du* hältst *er* hält	**hielt**	hielte	**gehalten**
hängen 掛かっている		**hing**	hinge	**gehangen**
heben 持ちあげる		**hob**	höbe	**gehoben**
heißen …と呼ばれる		**hieß**	hieße	**geheißen**
helfen 助ける	*du* hilfst *er* hilft	**half**	hülfe (hälfe)	**geholfen**
kennen 知っている		**kannte**	kennte	**gekannt**
kommen 来る		**kam**	käme	**gekommen**
können …できる	*ich* kann *du* kannst *er* kann	**konnte**	könnte	**gekonnt** **können**
laden (荷を)積む	*du* lädst *er* lädt	**lud**	lüde	**geladen**
lassen …させる	*du* lässt *er* lässt	**ließ**	ließe	**gelassen**

不定詞	直接法現在	過去基本形	接続法第2式	過去分詞
laufen 走る	*du* läufst *er* läuft	**lief**	liefe	**gelaufen**
leiden 悩む，苦しむ		**litt**	litte	**gelitten**
leihen 貸す，借りる		**lieh**	liehe	**geliehen**
lesen 読む	*du* liest *er* liest	**las**	läse	**gelesen**
liegen 横たわっている		**lag**	läge	**gelegen**
lügen うそをつく		**log**	löge	**gelogen**
messen 測る	*du* misst *er* misst	**maß**	mäße	**gemessen**
mögen …かもしれない	*ich* mag *du* magst *er* mag	**mochte**	möchte	**gemocht** **mögen**
müssen …ねばならない	*ich* muss *du* musst *er* muss	**musste**	müsste	**gemusst** **müssen**
nehmen 取る	*du* nimmst *er* nimmt	**nahm**	nähme	**genommen**
nennen …と呼ぶ		**nannte**	nennte	**genannt**
raten 助言する	*du* rätst *er* rät	**riet**	riete	**geraten**
reißen 引きちぎる		**riss**	risse	**gerissen**
reiten 馬に乗る		**ritt**	ritte	**geritten**
rennen 走る		**rannte**	rennte	**gerannt**
rufen 叫ぶ，呼ぶ		**rief**	riefe	**gerufen**
schaffen 創造する		**schuf**	schüfe	**geschaffen**
scheinen 輝く，思われる		**schien**	schiene	**geschienen**
schieben 押す		**schob**	schöbe	**geschoben**
schießen 撃つ		**schoss**	schösse	**geschossen**
schlafen 眠っている	*du* schläfst *er* schläft	**schlief**	schliefe	**geschlafen**
schlagen 打つ	*du* schlägst *er* schlägt	**schlug**	schlüge	**geschlagen**
schließen 閉じる		**schloss**	schlösse	**geschlossen**

不定詞	直接法現在	過去基本形	接続法第2式	過去分詞
schmelzen 溶ける	*du* schmilzt *er* schmilzt	**schmolz**	schmölze	**geschmolzen**
schneiden 切る		**schnitt**	schnitte	**geschnitten**
schreiben 書く		**schrieb**	schriebe	**geschrieben**
schreien 叫ぶ		**schrie**	schriee	**geschrien**
schweigen 沈黙する		**schwieg**	schwiege	**geschwiegen**
schwimmen 泳ぐ		**schwamm**	schwömme (schwämme)	**geschwommen**
schwinden 消える		**schwand**	schwände	**geschwunden**
sehen 見る	*du* siehst *er* sieht	**sah**	sähe	**gesehen**
sein 在る	*ich* bin *wir* sind *du* bist ihr seid *er* ist sie sind	**war**	wäre	**gewesen**
senden 送る		**sendete** （**sandte**）	sendete	**gesendet** （**gesandt**）
singen 歌う		**sang**	sänge	**gesungen**
sinken 沈む		**sank**	sänke	**gesunken**
sitzen 座っている		**saß**	säße	**gesessen**
sollen …すべきである	*ich* soll *du* sollst *er* soll	**sollte**	sollte	**gesollt** **sollen**
spalten 割る		**spaltete**	spaltete	**gespalten**
sprechen 話す	*du* sprichst *er* spricht	**sprach**	spräche	**gesprochen**
springen 跳ぶ		**sprang**	spränge	**gesprungen**
stechen 刺す	*du* stichst *er* sticht	**stach**	stäche	**gestochen**
stehen 立っている		**stand**	stände (stünde)	**gestanden**
stehlen 盗む	*du* stiehlst *er* stiehlt	**stahl**	stähle (stöhle)	**gestohlen**
steigen 登る		**stieg**	stiege	**gestiegen**
sterben 死ぬ	*du* stirbst *er* stirbt	**starb**	stürbe	**gestorben**
stoßen 突く	*du* stößt *er* stößt	**stieß**	stieße	**gestoßen**

不定詞	直接法現在	過去基本形	接続法第2式	過去分詞
streichen なでる		**strich**	striche	**gestrichen**
streiten 争う		**stritt**	stritte	**gestritten**
tragen 運ぶ，身につける	*du* trägst *er* trägt	**trug**	trüge	**getragen**
treffen 当たる，会う	*du* triffst *er* trifft	**traf**	träfe	**getroffen**
treiben 追う		**trieb**	triebe	**getrieben**
treten 歩む，踏む	*du* trittst *er* tritt	**trat**	träte	**getreten**
trinken 飲む		**trank**	tränke	**getrunken**
tun する		**tat**	täte	**getan**
vergessen 忘れる	*du* vergisst *er* vergisst	**vergaß**	vergäße	**vergessen**
verlieren 失う		**verlor**	verlöre	**verloren**
wachsen 成長する	*du* wächst *er* wächst	**wuchs**	wüchse	**gewachsen**
waschen 洗う	*du* wäschst *er* wäscht	**wusch**	wüsche	**gewaschen**
wenden 向ける		**wendete** （**wandte**）	wendete	**gewendet** （**gewandt**）
werben 得ようと努める	*du* wirbst *er* wirbt	**warb**	würbe	**geworben**
werden （…に）なる	*du* wirst *er* wird	**wurde**	würde	**geworden**
werfen 投げる	*du* wirfst *er* wirft	**warf**	würfe	**geworfen**
wissen 知っている	*ich* weiß *du* weißt *er* weiß	**wusste**	wüsste	**gewusst**
wollen …しようと思う	*ich* will *du* willst *er* will	**wollte**	wollte	**gewollt** **wollen**
ziehen 引く，移動する		**zog**	zöge	**gezogen**
zwingen 強制する		**zwang**	zwänge	**gezwungen**

ドイツ文法ベーシック３　三訂版

検印 省略	© 2014 年 1 月 15 日　　　初 版 発 行 © 2016 年 1 月 15 日改訂版初 版 発 行 　2019 年 10 月 1 日改訂版 3 刷 発 行 © 2021 年 1 月 15 日三訂版初 版 発 行

著者　　　　　　　　　　　神 竹 道 士

発行者　　　　　　　　　　原　　雅　　久

発行所　　　　　　株式会社 朝 日 出 版 社
　　　　　　〒 101-0065 東京都千代田区西神田 3-3-5
　　　　　　　　電話 (03) 3239-0271・72 （直通）
　　　　　　　　　http://www.asahipress.com
　　　　　　　振替口座　東京　00140-2-46008
　　　　　　　　　　　　明昌堂／図書印刷

ISBN978-4-255-25433-3 C1084